Alfred Esser

Zeigen verboten!

Exhibitionismus - ein verkanntes Problem

Reiner Padligur Verlag

1. Auflage 1996
ISBN 3-922957-43-9

Umschlaggestaltung: Magdalene Krumbeck
Gesamtherstellung: Druck Thiebes GmbH Hagen

**Jede große Reform
hat nicht darin bestanden,
etwas Neues zu tun,
sondern etwas Altes abzuschaffen.
Die wertvollsten Gesetze
sind die Abschaffungen
früherer Gesetze gewesen,
und die besten Gesetze,
die gegeben worden sind,
waren die,
die alte Gesetze aufhoben.**

(Buckle, Geschichte der Zivilisation in England.)

Mein Dank an

– Herrn Dr. Kausch, Allgemeinmedizin / Psychotherapie

Durch ihn bekam ich den ersten Einblick in mein Innenleben. Er ermöglichte mir eine längere ambulante und stationäre Therapie und ermutigte mich danach zu meiner Gruppenarbeit und dem starken Engagement, mit Hilfe der Medien über die Problematik des Exhibitionismus zu berichten

– Frau Dr. Ullrich, Leiterin des sozialpsychiatrischen Dienstes beim Gesundheitsamt

Sie ermöglichte mir die Gründung und den Aufbau der Selbsthilfegruppe und stellte uns einen neutralen Raum für die Treffen zur Verfügung

– Herrn Reinald Imig, Rechtsanwalt

Dank seines Rechtsbeistands wurden meine Gefängnisstrafen (insgesamt sieben Jahre) immer wieder zur Bewährung ausgesetzt und mir schließlich nach Ablauf der Bewährungszeit erlassen. Mittlerweile hat er viele Betroffene erfolgreich vertreten

– die KISS (Kontakt- und Informationsstelle für Selbsthilfegruppen)

Die Einrichtung ist unerläßlich, um Kontakte zu Betroffenen herzustellen

– die Selbsthilfegruppe

Dank der vielen Betroffenen, die den Mut aufbrachten, zur Gruppe zu kommen oder ihr zu schreiben, konnte ich vieles über die Problematik in Erfahrung bringen, das bislang noch weitgehend unbekannt war

– Frau Rebecca de Klerk, Sexologin in den Niederlanden

Von den vielen sogenannten Experten, die ich bisher kennenlernte oder über deren Arbeit ich las, hat sie das für mich plausibelste Wissen über das Phänomen des Exhibitionismus.

Inhalt:

Einführung

Dieses Buch handelt von Exhibitionismus und ist von einem Exhibitionisten verfaßt.

Was bedeuten diese zungenbrecherischen Begriffe?

Das Wort „Exhibitionismus" wird in Nachschlagewerken wie folgt beschrieben:

⇒ (von lateinisch exhibere - zeigen) die Entblößung und Zurschaustellung der eigenen Geschlechtsteile in Gegenwart anderer (meist durch Männer) als vom Normalen abweichende Form des geschlechtlichen Lustgewinns.

⇒ vorzeigen der Geschlechtsteile (Penis, Vagina, Brüste, Gesäß) mit dem Ziel, sexuelle Erregung zu erreichen, während ein Zuschauer an diesem Schauspiel Interesse zeigt. Das Besondere dieses Verhaltens liegt darin, daß es sich erstens um einen sexuellen Kontakt auf Distanz handelt, wobei in den meisten Fällen der Zuschauer diese Konfrontation nicht erwartet, und zweitens werden unbekannte Zuschauer (Männer, Frauen und Kinder) bevorzugt. Exhibitionisten können sowohl Männer als auch Frauen sein.

⇒ a) krankhafte Neigung zur Entblößung der Geschlechtsteile in der Öffentlichkeit.

b) Zurschaustellung von Gefühlen, Überzeugungen, absichtliche Preisgabe von etwas sonst verborgen Bleibendem, um damit Aufmerksamkeit auf sich zu lenken...

⇒ Sigmund Freud sagt: Exhibitionismus ist das Verharren in der kindlichen Phase der Entblößungslust.

⇒ Form der Perversion des Mannes, öffentlich vor anderen Personen die Geschlechtsteile zu entblößen, strafbar nach § 183 StGB.

Nachdem die Psychologen erklärend zu Wort gekommen sind, sei das Strafgesetzbuch zur Sache vernommen: Der Paragraph 183 trägt im Strafgesetzbuch die Überschrift „Exhibitionistische Handlungen“ und lautet:

> (1) Ein Mann, der eine andere Person durch eine exhibitionistische Handlung belästigt, wird mit Freiheitsstrafe bis zu einem Jahr oder mit Geldstrafe bestraft.
>
> (2) Die Tat wird nur auf Antrag verfolgt, es sei denn, daß die Strafverfolgungsbehörde wegen des besonderen Interesses an der Strafverfolgung ein Einschreiten von Amts wegen für geboten hält.
>
> (3) Das Gericht kann die Vollstreckung einer Freiheitsstrafe auch dann zur Bewährung aussetzen, wenn zu erwarten ist, daß der Täter erst nach einer längeren Heilbehandlung keine exhibitionistischen Handlungen mehr vornehmen wird.
>
> (4) Absatz 3 gilt auch, wenn ein Mann oder eine Frau wegen einer exhibitionistischen Handlung
>
> 1. nach einer anderen Vorschrift, die im Höchstmaß Freiheitsstrafe bis zu einem Jahr oder Geldstrafe androht,
> 2. nach § 174 Abs. 2 Nr. 1 oder § 176 Abs. 5 Nr. 1
>
> bestraft wird.

Exhibitionismus ist laut Gesetz strafwürdiges Vergehen (Abs. 1) und Krankheit (Abs. 3) zugleich - es lohnt also, sich mit diesem Sachverhalt, diesem Widerspruch genauer zu befassen, zumal bei der Strafverfolgung eines Exhibitionisten (Schamverletzers) - laut Anklageschrift - von einem „besonderen öffentlichen Interesse“ die Rede ist.

Es muß bislang als vorurteilsvolles Interesse bezeichnet werden, denn nur wenige Menschen können sich mit dem Tabuthema sachlich auseinandersetzen. Das Problem ist vielen peinlich, und es scheint nicht diskussionswürdig zu sein. Die meisten Menschen beweisen eine moralische Voreingenommenheit, welche zum Teil auf fehlender sachgerechter Information beruht. Außerdem mangelt es an Einfühlungsvermögen und der Bereitschaft, sich mit dem Thema zu befassen. Zu einem Treffen unter dem Motto „Exhibitionisten suchen den Dialog“ waren von vierunddreißig eingeladenen Beratungsstellen und Frauengruppen nur sechs Personen bereit zu kommen. Das falsche Bild, das den Exhibitionisten angelastet wird, kann also nur mühsam richtiggestellt werden.

Untersuchungen des Bundeskriminalamtes[1] bestätigen viele irrige Ansichten in der Gesellschaft, der Polizei und den Behörden. Dabei ist hervorzuheben, daß die im Grunde harmlose Zeigesucht immer wieder mit schweren Sexualvergehen in einen Topf geworfen wird. Exhibitionismus ist ein Fehlverhalten, mit dem man auf sich oder auf etwas aufmerksam machen möchte. Die Zeigesucht ist ein Persönlichkeitsdefekt, mit dem sich Psychologie und Medizin beschäftigen sollten und über den entsprechende Aufklärung in der Gesellschaft nötig wäre. Statt dessen wird er der Justiz überlassen, die mit Strafen dem Übel beizukommen versucht. Doch Strafe bewirkt hier keine Besserung, häufig eher das Gegenteil. Zudem bedeutet eine Verurteilung oftmals den Weg in den sozialen Abstieg.

Die Aussage, Zeigesucht sei von besonderem Interesse für die Öffentlichkeit, betrifft nur die strafrechtliche Verfolgung, nicht aber das Problem als solches.

Ein kurzes Beispiel mag das veranschaulichen: Eine Studentin wählte für ihre Seminararbeit das Thema „Exhibitionismus“. Um einen genauen Einblick und entsprechende Informationen aus erster Hand zu bekommen, nahm sie an einem Gruppenabend unserer Selbsthilfegruppe teil. Sie berichtete, wie verständnislos und spöttisch ihr Bekanntenkreis reagierte, als sie dieses Thema wählte. Sie war verärgert darüber, wie wenig Sachlichkeit dem Thema entgegengebracht wurde. Dies zeigt das Unvermögen und die

---

[1] Michael C. Baurmann: Sexualität, Gewalt und psychische Folgen. BKA-Forschungsreihe 1983

Hilflosigkeit unserer Gesellschaft, sich mit einem Problembereich ernsthaft zu befassen, wenn es dabei um Sexualität mit all ihren Schwierigkeiten geht. Sicher ist der Weg noch lang und beschwerlich, die Gesellschaft und den Gesetzgeber davon zu überzeugen, daß die bisherige Handhabung der Problematik inhuman ist und zu keiner sinnvollen Lösung führen kann. Mein Bestreben ist nicht, Exhibitionismus 'gesellschaftsfähig' zu machen, sondern zu erreichen, daß vorurteilsfrei darüber nachgedacht wird; dies geht nur durch sachgerechte Information.

Zum Abschluß der Einführung möchte ich einen Satz aus einem Artikel über Exhibitionisten zitieren, den eine Journalistin - wohlgemerkt, eine Frau - verfaßte: „Exhibitionisten sind so harmlos wie Pflastermaler. Und so sollte frau auch mit ihnen verfahren: Sie legt ihnen ein paar Groschen hin."

Diese Frau hat das Problem bereits gelöst!

Ich selbst - Exhibitionist seit meiner Teenagerzeit - löste das Problem lange nicht. Zunächst wuchs und wuchs es. Das möchte ich kurz darstellen.

Werdegang

Meine Mutter war eine beherrschende Frau, die mich hart und lieblos behandelte. Sie war streng katholisch erzogen worden. Die Anweisung der Kirche, Geschlechtsverkehr oder überhaupt sexuelle Betätigung dürfe nur zur Zeugung ausgeübt werden, galt ihr als oberstes Gebot. Sie verabscheute alles, was mit Erotik oder Sexualität zu tun hatte. Besonders widerlich war für sie das männliche Geschlechtsteil. Faßte ich als kleiner Junge an den Penis, bekam ich sofort etwas auf die Finger und wurde beschimpft. Als Begründung hörte ich, das sei eine Schweinerei.

Körperkontakt seitens meiner Mutter bestand ausschließlich in Form ihrer Schläge oder von Abschrubben, wenn sie mich wusch. Selbstredend habe ich meine Mutter niemals nackt gesehen. Als ich mit etwa vierzehn Jahren Samenerguß bekam und dabei das Bettlaken befleckte, gab es ein fürchterliches Donnerwetter, so, als hätte ich etwas Abscheuliches angestellt.

Da mein Vater spät aus der Kriegsgefangenschaft heimkehrte, sah ich ihn zum ersten Mal, als ich acht Jahre alt war. Nach seiner Entlassung arbeitete er in der Gastronomie - täglich zwölf bis vierzehn Stunden, so daß ich ihn kaum zu Gesicht bekam. Seine freien Tage waren für mich meist mit viel Arbeit verbunden, wie beispielsweise für den Winter Holz aus dem Wald einsammeln und ofengerecht bearbeiten, denn wir heizten und kochten ausschließlich mit Holz. Gearbeitet wurde mit den primitivsten Mitteln, so daß eine Menge Zeit dabei draufging.

An gemeinsame Freizeitvergnügungen mit meinem Vater kann ich mich nicht erinnern, ebenso gab es bei meinen Eltern weder gemeinsame Beschäftigungen noch Hobbys. In der knappen Freizeit, die meinem Vater zur Verfügung stand, ging er öfters alleine weg.

Er war streng, aber nicht brutal oder ungerecht. Aufgeheitert erlebte ich ihn nur an den - von mir als heuchlerisch empfundenen - Geburtstags- oder anderen Familienfesten, wenn er genügend Alkohol konsumiert hatte. Dann konnte er auch schon mal gegen meine Mutter aufmucken.

Mein Vater war meines Wissens ziemlich intelligent, und er verfügte über ein gutes Allgemeinwissen. Ihm fehlte aber die Zeit, mir bei meinen Hausaufgaben behilflich zu sein.

Von meiner Mutter konnte ich solche Hilfe überhaupt nicht erwarten, denn sie kam mir vor, als sei sie nie zur Schule gegangen. Trotzdem führte sie zu Hause das Kommando über uns alle. Meinem Vater habe ich nie böse oder aggressiv gegenüber meiner Mutter erlebt. Er ging ihr möglichst aus dem Weg.

Zärtlichkeiten zwischen meinen Eltern habe ich nie bemerkt. Wie ich später erfahren habe, lebte mein Vater seine sexuellen Bedürfnisse mit anderen Frauen aus. Bei der körper- und sexualfeindlichen Einstellung meiner Mutter blieb ihm sicherlich auch nichts anderes übrig. Damals schien es unmöglich, über Sexualität und entsprechende Schwierigkeiten mit anderen zu sprechen. Therapeutische Hilfe war so gut wie unbekannt. Von meinem Vater hörte ich aber nichts Negatives über Sexualität. Leider war mein Vater für mich nie richtig greifbar, weder während meiner Kinder- noch meiner Jugendzeit. Nie entwickelte sich ein vertrautes Verhältnis zwischen uns. Er war für mich keine männliche Orientierung - kein Vorbild.

Mir wurde jede Art von Zuneigung, Anerkennung, Verständnis oder Fürsorge vorenthalten. Von meiner Mutter wurde ich sogar beschimpft, wenn ich erkrankte oder mich beim Spielen verletzte.So erwähnte ich daheim nicht einmal, daß ich meinen Finger gebrochen hatte, als ich etwa zehn Jahre alt war.

Ich wünschte mir oft eine andere, liebevolle Mutter.

Wegen der kalten Atmosphäre zu Hause hielt ich mich schon als kleiner Bub überwiegend im Freien auf, gleichgültig, ob bei Regen oder Sonnenschein, bei Kälte oder Hitze, im Sommer oder Winter. Besonders zog es mich dorthin, wo ich mit anderen Jungen Fußball spielen konnte. Hatten wir keinen Ball zur Verfügung, kickten wir mit allem, was sich dazu eignete. Selbst leere Konservendosen oder zusammengeknäulte Lumpen dienten uns für so manches Spiel. Dabei konnte ich die Kaltherzigkeit, die mich sonst umgab, vergessen.

Zudem entwickelte ich Geschick und Ausdauer, so daß ich bei der Aufstellung eines Teams stets bevorzugt gewählt wurde. Erwachsene, die mich beim Kicken sahen, bescheinigten mir Talent und meinten, ich könne ein großer Fußballer werden. Doch aus diesen Träumen wurde nichts, denn meine Mutter hatte etwas gegen meine Lieblingsfreizeitbeschäftigung. Sie verbot mein Kicken, wo sie nur konnte. Ob in den engen Gassen oder auf freien Plätzen, überall dort, wo ich um Tore und Anerkennung kämpfte, vertrieb sie mich mit Schimpfen und Prügelandrohung. Auch der Jugendtrainer des Fußballvereins, der meine Mutter bat, sie möge doch ihre Einwilligung geben, daß ich in der Mannschaft mitspielen könne, erhielt eine eisige Absage.

Prügel statt Mitgefühl erntete ich, als ich mit etwa elf Jahren auf dem Heimweg von der Schule in eine Jauchegrube fiel. Aus irgendeinem Grund waren drei Schüler hinter mir her. Sie hatten mich 'aus Spaß' in die Grube getrieben. Um die stinkende Jauche von mir zu entfernen, lief ich zum nahegelegenen Fluß und sprang hinein mit allem, was ich anhatte. Völlig durchnäßt und zitternd machte ich mich auf den Weg nach Hause. Dort angekommen setzte es sofort eine gehörige Tracht Prügel mit einem Lederriemen, bevor ich überhaupt über mein unglückliches Erlebnis berichten konnte.

Absoluter Gehorsam wurde nicht nur von meiner Mutter verlangt, auch unser Pfarrer duldete keinen Widerspruch oder irgendeine Art von Auflehnung. Da ich beim Religionsunterricht nicht immer so spurte, wie es der Herr Pfarrer gerne gehabt hätte, verprügelte er mich, daß so manches Mal das Blut aus Mund und Nase lief, denn er schlug auch mit der Faust voll in mein Gesicht.

Als nach dreißig Jahren das erste Klassentreffen stattfand, erinnerten sich meine Mitschüler noch lebhaft an die fürchterlichen Prügel, die ich immer wieder von Lehrern, besonders aber vom Pfarrer bezogen hatte. Auf mir konnte man ja herumdreschen und seine Aggressionen auslassen: Es war niemand da, der mich beschützt oder mir beigestanden hätte. Heute würde man von schwerster körperlicher Mißhandlung sprechen, wenn einem Kind solches widerfährt.

Eine Tortur in meiner Kindheit waren auch die Schulferien. Während die Kameraden sich im Freibad oder sonstwo austoben konnten, mußte ich bei anderen Leuten das Brennholz für den Winter verarbeiten: sägen, zerhacken und aufstapeln. Für einen ganzen Tag Schuften gab es eine bis zwei Mark, die ich noch nicht mal behalten durfte. Ein weiteres 'Ferienvergnügen' war das Entladen von Bausteinen auf dem Frachtkahn. Damals - 1950 bis 1955 - mußte noch jeder Stein einzeln mit den Händen vom Schiff zum Ufer geschleppt werden. Eine Knochenarbeit, nach der abends die Hände wund waren. Fünf Mark und mittags ein Teller Suppe waren der Lohn für einen schweren Arbeitstag. Und das in einem Alter von unter vierzehn Jahren. Auch von diesem Geld bekam ich nicht mal einen Groschen, um ins Freibad gehen zu können.

Nicht nur in den Schulferien, sondern auch während der Schulzeit mußte ich überall zupacken, wo eine billige Arbeitskraft benötigt wurde, ob ich wollte oder nicht. Bei dieser materiellen Not traf mich besonders hart, daß ich selbst nie einen eigenen Ball, Roller, ein Dreirad, Schlittschuhe, einen Schlitten, Tischtennisschläger, ein Fahrrad besaß. Es bedrückte mich, bei anderen Kindern all das zu sehen und nur dank ihres Wohlwollens das eine oder andere mal kurz benutzen zu dürfen.

Noch nicht vierzehn Jahre alt, kam ich in eine Lehre im Gastronomiebereich, wo ich wöchentlich über 72 Stunden arbeiten mußte - auch samstags und sonntags - und täglich 80 Kilometer mit dem Zug zu fahren hatte. Dadurch fehlte mir die Möglichkeit, mit gleichaltrigen Mädchen Kontakte zu knüpfen. Das Ergebnis: Ich wurde gegenüber Frauen schrecklich gehemmt. Außerdem fand ich mich häßlich, obwohl ich es nicht bin. Mein Selbstwertgefühl, was meine Männlichkeit betraf, war stark gestört, so daß ich als junger Mann keine vernünftige Beziehung zum anderen Geschlecht aufbauen konnte. Bei meinen kurzfristigen Freundschaften stand im Vordergrund, daß ich meine Männlichkeit unter Beweis stellte. Durch diese Fehlentwicklung lebte ich sehr isoliert und war darüber unglücklich, denn ich konnte mich mit niemandem aussprechen. Das Exhibieren entstand aus dieser Hilflosigkeit, es war ein Ersatz und wirkte wie eine Droge, durch die ein kurzes Hochgefühl erreicht wird; doch danach bricht das ganze Elend verstärkt herein. Ein Übel, das sich immer wiederholte.

Meine Mutter gehörte zu den Frauen, die einen Exhibitionisten anzeigen und Bestrafung fordern, ohne sich dessen bewußt zu sein, daß gerade sie es waren und sind, die mit ihrem Verhalten, ihrer Erziehung und sexuellen Einstellung dieser Persönlichkeitsstörung den Weg bereiten.

Warum ich mich in schamverletzender Weise vor Frauen zeige, die eine erotische Ausstrahlung auf mich haben, mag daran liegen, daß wir in meiner Kindheit eine Frau als Nachbarin hatten, die diese Ausstrahlung besaß und die mich faszinierte. Ich hatte sie mir oft zur Mutter gewünscht, weil sie sehr liebevoll mit ihren Söhnen umging.

Ob letztlich der Vorgang des Exhibierens eine Annäherung an die Person, die man anziehend findet, oder ein aggressives Vorgehen gegen die Mutter oder beides ist, sei dahingestellt. Sicherlich müssen mehrere Bestandteile zusammenkommen, die dieses Verhalten bestimmen: Mein Bedürfnis war, ein Hochgefühl zu erreichen, Staunen und Bewunderung hervorzurufen, indem ich zeigte, daß ich ein funktionierendes Glied hätte, was jedoch oft mit Erschrekkenwollen verwechselt wird.

Eins meiner Schlüsselerlebnisse bestand darin, daß ich mit etwa vierzehn, fünfzehn Jahren zwei jungen Frauen, die sich stritten und dabei rauften, unter die Röcke sehen konnte. Ein unbeschreibliches Gefühl der Erregung durchströmte meinen Körper. Zu dieser Zeit sah ich auch zum ersten Mal eine nackte junge Frau, die ich heimlich beim Baden in der Wanne beobachtete. Der Anblick versetzte mich in höchste sexuelle Erregung.

Viele Männer haben eine ähnliche Kindheit erlebt und sind nicht zum Exhibitionisten geworden; eine Störung haben sie mit Sicherheit trotzdem mitbekommen. Nur können die meisten ihre Schwierigkeiten ausleben, ohne mit dem Gesetz in Konflikt zu geraten, denn viele dieser Störungen - wie zum Beispiel männliche Gewalttätigkeit - sind weitgehend gesellschaftsfähig.

Übrigens war ich noch keine sechzehn Jahre alt, als mich eine Nachbarin, die ich selbst nicht sah, beobachtete, als ich am Flurfenster meine Hose unten hatte. Ohne mit mir darüber zu reden, erstattete sie Anzeige. Die Folgen waren Jugendarrest und anschließend Flucht aus dem Elternhaus.

Nach meiner Ausbildung und der Bundeswehrzeit war ich weiter in der Gastronomie tätig. Dann lernte ich meine erste Frau kennen, heiratete und bekam Kinder.

Neben einem ganz normalen Sexualleben blieb aber der Drang zum Exhibieren bestehen. Das ist ähnlich wie in der Bisexualität. Trotz genußvollem Sex mit dem/der Partner/in des anderen Geschlechts bleibt das Begehren nach einem/einer Sexualpartner/in des eigenen Geschlechts.

Der Drang zum Exhibieren verstärkte sich, wenn Schwierigkeiten in meinen Beziehungen auftraten. Letztendlich hat er zu ihrem Scheitern beigetragen.

Fast fünfundzwanzig Jahre habe ich dieses Problem mit mir alleine herumgeschleppt, bis ich endlich die Möglichkeit bekam, mich einer Therapie zu unterziehen. Nun kann ich mit der Problematik besser umgehen. Doch - genau wie bei einem Alkoholiker - ist auch hier eine Nachversorgung unbedingt erforderlich. Als Exhibitionist lebt man ständig in der Angst, rückfällig zu werden. Dahinter steht auch die Furcht vor den damit verbundenen familiären, beruflichen und gesellschaftlichen Folgen. Daher gründete ich eine Selbsthilfegruppe, um mit Betroffenen über unser gemeinsames Problem sprechen zu können.

Meine jetzige Ehe, die ich nach der therapeutischen Behandlung geschlossen habe, stand unter besseren Voraussetzungen, denn ich konnte mit meiner Frau von Anfang an über Konflikte sprechen. Mein Einsatz in der Selbsthilfegruppe und die Arbeit an diesem Buch haben mein Problem auf Null schrumpfen lassen.

Eigene Erlebnisse

Meine 'Schauzüge'

In einem Großstadtbahnhof, wo ich mich gerne herumtrieb, wenn mich die Zeigelust packte, sah ich auf dem gegenüberliegenden Bahnsteig auf einer Bank eine anziehende junge Frau sitzen. Während sie ihren Zug erwartete, las sie in einem Buch.

Ich holte meinen Lümmel aus der Hose, bedeckte ihn mit meiner Jacke, die ich dafür extra auszog, um sie so über den linken Arm zu halten, daß mein Vorhaben von anderen Personen, die sich auf den Bahnsteigen aufhielten, nicht erkannt wurde. Als ich auf der Höhe der jungen Frau war, machte ich ein Geräusch, um auf mich aufmerksam zu machen. Sie blickte auch kurz zu mir herüber und sah, was ich unter der Jacke ihr anbot. Einige Meter weiter befand sich ebenfalls eine Bank, die hinten und an den Seiten mit Glasscheiben geschützt war. Auf diese setzte ich mich und fing an, ganz langsam mein Glied zu massieren. Ich achtete darauf, daß keiner außer ihr mich sehen konnte. Mit dem Sichtschutz ging das recht gut.

Meine Auserwählte, die mir schräg gegenüber saß - nur durch die Bahngleise getrennt -, blieb ruhig sitzen und las in ihren Büchlein weiter. Doch merkte ich, wie sie zwischendurch, ohne dabei irgendwelche Regungen zu zeigen, zu mir schaute. Das feuerte mich ungeheuer an. Zeitweilig mußte ich schon mal das Spielchen unterbrechen, wenn andere Leute vorbeigingen. Dazu brauchte ich nur die Jacke über mein Schauobjekt zu decken. Die neugierigen Blicke der hübschen Frau waren für mich ein Genuß.

Das zog sich eine ganze Weile hin, bis sie eine Bekannte erblickte, aufstand und zu ihr ging. Da noch andere Personen dort standen, auch Männer, war die Vorzeigeaktion für mich leider beendet. Einen Augenblick beobachtete ich noch meine hübsche Voyeurin, ob sie mit ihrer Bekannten über mich spräche. Das schien nicht der Fall zu sein, denn sie plauderten miteinander, ohne nach mir herüberzuschauen. Daraufhin verließ ich den Bahnsteig, um nach einer weiteren Gelegenheit zu suchen.

♦ ♦ ♦

Aktionsort war diesmal die Passage des Hauptbahnhofes einer Großstadt: Ein idealer Platz, um aus einer Gebäudenische heraus meinem Rausch des Zeigens nachzugeben, weil dauernd Frauen vorbeikamen. Eine gutaussehende, sehr anziehend und freizügig gekleidete junge Frau, die in Richtung Bahngebäude ging, fand meine Schniedelwutzvorführaktion so ungeheuerlich, daß sie, anstatt zu ihrem Zug zu gehen, die Polizei alarmierte. Nach kurzer Zeit erschien nämlich ein noch ziemlich junger Polizist und forderte mich auf, mitzukommen. Der Anweisung folgte ich zunächst, bis wir in die Nähe der Treppe gelangten, die zu den Bahnsteigen führte. Einige Meter weiter sah ich den Streifenwagen stehen, in dem ein zweiter Polizeibeamter saß, und die junge Frau, der ich mich gezeigt hatte, stand daneben. Blitzschnell nutzte ich eine Unachtsamkeit des jungen Polizisten und rannte, so schnell ich konnte, die Treppe zu den Bahnsteigen hinauf. Der Beamte lief selbstverständlich sofort hinterher, doch da ich mit Sportschuhen, Jogginghose und T-Shirt bekleidet war, er dagegen in seiner Uniform steckte, hängte ich ihn ab. Schnell gab er auf und funkte Verstärkung heran.

Kurz danach hörte ich draußen die Signalhörner der Streifenwagen aufheulen. Es wurden immer mehr. Da ich zu einem der Hinterausgänge lief, konnte ich mich gerade noch unerkannt aus dem Bahnhof entfernen und in der Innenstadt untertauchen. Von dort sah ich aus sicherer Entfernung, wie einige Streifenwagen um den Bahnhof sausten, andere sich vor den Ausgängen postierten und Polizisten zu Fuß den Bahnhof absuchten. Ein kolossaler Aufwand, der meinetwegen getrieben wurde, und dann noch erfolglos.

Von einer Überlastung und Personalknappheit bei der Polizei, wie sie ständig in den Medien beklagt wird, war hier nichts festzustellen.

♦ ♦ ♦

Völlig gelangweilt gab sich eine etwa fünfundzwanzigjährige Frau in einem großen Kaufhaus, als ich ihr zwischen den Regalen, in denen sie nach Feinstrumpfhosen kramte, meinen Schniedel präsentierte und sie dabei ansprach, ob sie mir zuschauen wolle. Sie blickte kurz zu mir, sah, was ich tat, und sagte: „Nein, das ist doch langweilig." Worauf ich erwiderte: „Schade!", mein Ausstellungsstück wegpackte und mich entfernte.

Nach einigen Metern blieb ich stehen, drehte mich um und sah, daß sie mit einem desinteressierten Blick zu mir schaute. In diesem Moment ging ein Kaufhausdetektiv in Dienstkleidung an ihr vorbei, den sie zu meiner Erleichterung nicht ansprach. Ich hätte mich ihr gerne nochmals gezeigt, doch ich akzeptierte ihr Nein und machte mich davon.

♦ ♦ ♦

In einem anderen großen Kaufhaus konnte man von einem Treppenaufgang über den Hinterhof zu einem Seitentrakt schauen. Das etwa fünfzehn Meter entfernte Gebäude beherbergte in den oberen Etagen die Lager eines Schuhgeschäftes, in dem sich ständig Verkäuferinnen kurz aufhielten. Ich wartete, bis eine der Schönen durchs Fenster zu mir herüberblickte, um ihr dann meinen Schniedelwutz in voller Pracht zu präsentieren. Doch anstatt Bewunderung oder eine anerkennende Geste zu spenden, machte sie eine Kollegin auf mich aufmerksam, und nach einem kurzen verachtenden Blick verschwanden beide.

Ich wartete eine kleine Weile ab, ob sie eventuell nochmals schauten oder weitere Kolleginnen auf mich aufmerksam machen würden, doch es tat sich nichts. Das löste eine Vorahnung in mir aus; und richtig: Als ich mich umdrehte, um zu verschwinden. sah ich schon, wie Männer aus den Verkaufsräumen eiligst in meine Richtung liefen. Hastig rannte ich die Treppe hinunter bis zum Erdgeschoß. Die Männer, vermutlich Hausdetektive, vom gegenüberliegenden Schuhladen über mein Treiben informiert, konnten mich nur noch von hinten erkennen, als ich davoneilte, und stürmten mir nach.

Doch anstatt im Verkaufsraum des Erdgeschosses weiter zu rennen, blieb ich an einem seitlichen Regal stehen und tat so, als sähe ich mir die Waren an. In diesem Moment kamen auch schon drei Männer aus dem Treppenhaus durch die Pendeltür gestürmt und rasten an mir vorbei in Richtung des Ausgangs, den sie als meinen Fluchtweg vermuteten. Eine Verkäuferin, die mitbekommen hatte, wie die pflichtbewußten Tugendwächter durch den Laden eilten, meinte: „Da geht es ja mal wieder ganz schön zur Sache.“

Ich blickte ihnen noch einige Zeit mit klopfendem Herzen nach und sah, wie verzweifelt sie am Ausgang des Kaufhauses Ausschau hielten.

Da sie einen Mann suchten, der davonrannte, konnten sie mich nicht entdecken. Kurz darauf ging ich unauffällig, ruhigen Schrittes in die andere Richtung.

♦ ♦ ♦

In der Damenoberbekleidungsabteilung im ersten Stock eines Kaufhauses entdeckte ich eine gutaussehenden junge Frau, die sehr locker und aufreizend gekleidet war. Bei manchen Bewegungen bot sie vollen Einblick in ihren wohlgeformten Busen. Mich konnte bei diesem Anblick nichts mehr hemmen. Ein Rausch, ein Gefühl höchster Erregung beherrschte mich. In einem günstigen Augenblick führte ich ihr meinen Schniedelwutz vor, doch sie schaute desinteressiert, wandte sich ab und ging weiter.

Da ich ja immer achtgeben mußte, von niemanden beobachtet zu werden, verlor ich sie einige Sekunden aus den Augen. So bekam ich nicht mit, daß sie jemanden vom Verkaufspersonal informierte. Plötzlich kam ein Angestellter auf mich zu. Doch bevor er mich ansprach , machte ich kehrt, rannte die Treppe hinunter durch den Verkaufsraum an Regalen und Tischen vorbei in Richtung Ausgang. Er folgte mir und rief laut: „Haltet ihn fest."

Kurz vor der Pendeltür stellten sich mir zwei Kaufhausdetektive entgegen, die durch die Rufe aufmerksam geworden waren und sich zufällig in der Nähe des Ausganges aufhielten. Als ich ihnen ausweichen wollte, indem ich wie ein Kaninchen auf der Flucht Haken schlug, rammte ich eine ältere Dame, die dabei hinfiel. Ich stoppte, um ihr aufzuhelfen. Das verschaffte den Männern, drei an der Zahl, die Gelegenheit, sich auf mich zu stürzen und mich festzuhalten. Noch bevor sie mich ins Büro brachten, konnte ich mich bei der alten

Dame entschuldigen und mich vergewissern, daß ihr nichts Ernsthaftes zugestoßen war.

Als wir im Büro angekommen waren, wurde die Polizei gerufen, und man versuchte, von mir zu erfahren, was ich in der Damenbekleidungsabteilung getan hätte. Doch ich verhielt mich schweigsam; dabei bemerkte ich, daß sie irgend etwas beunruhigte.

Ich konnte mitbekommen, wie fieberhaft nach der Zeugin gesucht wurde, der ich mich gezeigt hatte. Doch es schien, als sei ihr der ganze Trubel zuviel geworden, denn sie war verschwunden, ohne Angaben zu machen, mit denen etwas anzufangen gewesen wäre.

Nach etwa 30 Minuten kam die Polizei, um mich in Handschellen abzuführen. Im Polizeipräsidium wurde ich erkennungsdienstlich behandelt und erfuhr, daß keine Anklage erhoben werden könne, da niemand genau wisse, was sich überhaupt abgespielt hatte. Auch die alte Dame, die durch mich zu Fall gekommen war, erstattete - trotz eindringlicher Aufforderung des Kaufhausdetektivs - keine Anzeige wegen Körperverletzung.

So hat mein Schweigen mir dazu verholfen, frei und ohne Anklage das Polizeipräsidium zu verlassen.

♦ ♦ ♦

An einem nicht allzu kalten Wintertag gegen 17.00 Uhr - es war draußen schon dunkel - trieb ich im Erdgeschoß eines großen Kaufhauses auf der Damenbekleidungsabteilung mein übliches Unwesen.

Irgendeine Dame war mit dem von mir Gebotenen nicht einverstanden und holte, ohne daß ich es bemerkte, männliche Verstärkung. Sogleich fand sich auch ein 'tatkräftiger

Tugendwächter', der auf mich zustürzte, um mich aufzuhalten, während das Verkaufspersonal die Polizei alarmierte, damit sie mich festnehmen könne. Doch soweit kam es nicht, denn ich wühlte mich bis zum Ausgang vor und konnte durch die Pendeltür schlüpfen, während der 'Möchtegernheld' von innen krampfhaft versuchte, mich am Pullover festzuhalten. Dabei wich ich nach unten aus und stand plötzlich nur in der Jogginghose da. Durch das Ziehen hatte mir mein Verfolger Pullover samt Unterhemd über den Kopf gestreift und hielt beides verdutzt in der Hand.

Mit freiem Oberkörper rannte ich durch die belebte Innenstadt - und das im Winter -, verfolgt von dem heldenhaften Tugendwächter, dem sich noch einige Männer angeschlossen hatten. Als ich meine Verfolger endlich abgeschüttelt hatte - mein Tempo konnten sie nicht mithalten -, erblickte ich, abgekämpft und außer Puste, in einer Nebenstraße eine offene Haustür. Ich verschwand hastig im Hausflur.

Zu meinem Schrecken hielt sich eine junge Frau oberhalb der Treppe auf. Ich dachte: nun ist alles zu spät. Denn ich fürchtete, sie würde anfangen, zu schreien oder Hilfe herbeirufen. Doch zu meiner Verwunderung blieb sie ruhig. Nachdem ich mehrmals tief Luft geholt hatte, erzählte ich ihr, einige Männer seien hinter mir her und wollten mich verprügeln. Meine Klamotten hätten sie mir schon vom Leib gerissen. Auf meine Frage, ob sie irgendein abgelegtes Kleidungsstück habe, das ich mir überziehen könne, holte sie tatsächlich einen alten weißen Pullover aus ihrer Wohnung. Ich zog ihn über, bedankte mich bei der hilfsbereiten Frau, und als ich wieder einigermaßen bei Puste war, verließ ich das Haus und ging normalen Schrittes zu meinem Wagen, der etwa achthundert Meter entfernt stand.

Unterwegs hatte ich natürlich ungeheure Angst, doch noch entdeckt zu werden, denn inzwischen wurde nach mir gefahndet: Mehrere Streifenwagen suchten die Gegend ab. Da sie nach einem Mann mit freiem Oberkörper Ausschau hielten, erkannten sie mich zu meinem Glück nicht. So bin ich mit dem Schrecken davongekommen.

♦ ♦ ♦

Vor einer Arztpraxis im dritten Stock eines Geschäftshauses stand die Eingangstür einen Spalt offen, so daß ich in den Vorraum blicken konnte, ohne gesehen zu werden. Hinter einem Pult sah ich eine hübsche Arzthelferin im weißen Kittel, die mit Eintragungen beschäftigt war. Während ich sie durch den Spalt betrachtete, massierte ich mein Glied. Als ich es ihr gerade in voller Größe zeigen wollte, kam eine Kollegin aus dem Sprechzimmer und beugte sich über das Pult zu ihr, wobei ihr kurzes Kittelchen hochrutschte. Dabei streckte sie ihren wohlgeformten knackigen Hintern zu mir hin, der nur mit einer engen hauchdünnen Hose bedeckt war.

War das ein Anblick! Ein kaum zu überbietendes Hochgefühl packte mich. Nun schob ich die Tür weit auf; meine Hose hatte ich bis zu den Knien heruntergelassen, so daß die ganze Pracht meiner Männlichkeit zu sehen war. Ich wurde auch sofort von der hinter dem Pult Sitzenden erblickt, die zu ihrer Kollegin aufgeregt hauchte: „Guck mal, guck mal zur Tür!“, wobei sie mich beide mit großen erstaunten Augen anschauten.

Schnell merkten sie, was ich für einer bin. Die Sprechstundenhilfe im kurzen Kittel forderte mich zu meiner Verwunderung auf, weiter herein zu kommen. Sie waren sichtlich begeistert von meiner Vorführung und wollten mich aus nächster Nähe sehen, denn ich war etwa vier bis fünf Meter von ihnen entfernt. Ich traute mich aber nicht näher heran.

Nachdem ich noch einen Moment meinen Rausch genossen hatte, setzt ich mich vorsichtshalber ab, denn die Angst vor einer Falle, die Furcht, doch angezeigt zu werden, steckt tief in mir. Von diesem aufregenden Erlebnis zehrte ich noch lange.

♦ ♦ ♦

Als ich wieder einmal unter Hochspannung stand, trieb es mich aus dem Haus. Kaum hatte ich mein Auto geparkt, sah ich zwei junge Frauen um die zwanzig, die mich durch ihren faszinierenden Anblick sofort aus der Fassung brachten. Eine hatte einen Minirock, die andere ein knappes Höschen an. Entsprechend spärlich waren ihre Oberkörper bedeckt. Als ich sie auf der gegenüberliegenden Straßenseite überholte, unterhielten sie sich angeregt. Sie bemerkten mich erst, als ich die Straße überquerte und zwischen zwei parkenden Autos mit heruntergelassener Jogginghose vor ihnen stand.

Ihr erotischer Anblick und ihre Reaktion waren für mich so aufregend, daß ich sofort ejakulierte. Sie sprangen vor Überraschung erst einige Schritte zurück, um dann doch stehenzubleiben und zuzuschauen.

Eine keuchte dabei ganz aufgeregt, geradezu außer sich: „Ist der unverschämt - ist der unverschämt!" Es schien, als hätten sie so etwas noch nicht erlebt. Für sie muß die Situation ebenfalls ungeheuer aufregend, ja unfaßbar gewesen sein. Sie blieben wie angewurzelt stehen und blickten mir nach, als ich die Hose schon wieder hochgezogen hatte und wegging.

Daß ich in höchster Erregung nach Sekunden ejakulierte, kam hin und wieder vor; doch die Reaktion dieser Betrachterinnen war ungewöhnlich. Die meisten Frauen bekommen überhaupt nicht viel mit, weil sie sofort wegschauen.

♦ ♦ ♦

Schlagfertigkeit erlebte ich bei folgender Begebenheit: Vor einer etwa fünfunddreißigjährigen Frau öffnete ich meine Hose. „Wenn Sie sonst nichts zu bieten haben", sagte sie, ohne stehenzubleiben, „geh' ich nach Hause." „Haben Sie denn keine Angst?" fragte ich, worauf sie erwiderte: „Warum? Sie wollen doch nichts von mir." Ich konnte nur noch verblüfft hinter ihr her schauen.

♦ ♦ ♦

Einige Wochen später, als ich nach Beendigung einer Zeigeaktion schon kurz vor meinem Auto, das ich etwas außerhalb der Innenstadt abgestellt hatte, angelangt war, sah ich auf der gegenüberliegenden Straßenseite einen Polizisten zu mir herüberblicken. Ich erkannte sofort, daß sein Interesse mir galt, und flitzte in die nächste Einfahrt. Nach einigen Metern kletterte ich über eine etwa zwei Meter hohe Mauer, welche den Innenhof absperrte. Von dort aus mußte ich nochmals eine mit Stacheldraht bespannte Mauer überwinden, um ins Freie zu gelangen.

Als ich hinüberkletterte und auf der anderen Seite absprang, blieb ich mit dem Fuß im Stacheldraht hängen. Währenddessen hörte ich schon das Motorrad mit dem Polizisten in den Hofraum biegen. Zum Glück handelte es sich nicht nur um eine Einfahrt, sondern gleichzeitig um einen kleinen Durchgang zu einer Nebenstraße. Da der Polizist weiterfuhr, weil er sicherlich vermutete, ich sei dort hindurch geflüchtet, bemerkte er nicht, wie ich mit dem Kopf nach unten im Stacheldraht verfangen an der Mauer hing. Nachdem ich mich befreit hatte, suchte ich eilends ein Versteck, in dem ich mich über eine Stunde aufhielt.

Von dort aus beobachtete ich, wie der Polizist auf seinem Motorrad und die inzwischen herbeigerufenen Streifenwagen suchend herumfuhren. Meinen Wagen, den ich nur einige Meter von der Einfahrt geparkt hatte, konnte ich schließlich unbemerkt erreichen. Ich fuhr an den Streifenwagen vorbei, die mich aber nicht beachteten. Zuhause angekommen, bemerkte ich erstmals die aufgerissenen, blutbeschmierten Socken und Schuhe, die nicht mehr zu gebrauchen waren. Ich verarztete noch die durch den Stacheldraht verursachten tiefen Kratzer am Fußgelenk, duschte und atmete dann tief durch, wobei ich mir sagte, es hätte schlimmer kommen können.

♦ ♦ ♦

Wieder hatte ich einigen Frauen meinen Schniedelwutz vorgeführt und war gerade auf dem Weg zu meinem Wagen. Plötzlich fuhr ein VW-Passat vorbei, stoppte vor mir, und heraus sprang eine junge Frau, die mir ihren Polizeiausweis vor die Nase hielt und mich aufforderte, in das Fahrzeug zu steigen.

Ein männlicher Kollege saß am Steuer. Es war eine Zivilstreife, die mich wohl auf Grund einer Anzeige und der Beschreibung entdeckt hatte. Mit einem kurzen Blick erkannte ich die Situation und rannte im Stil eines Einhundertmeterläufers Richtung Fußgängerzone.

Während die Polizistin mich zu Fuß verfolgte, rief sie einige Male „Stehenbleiben!“. Mein Tempo konnte sie jedoch nicht mithalten, und so tauchte ich durch das Menschengetümmel der Fußgängerzone in einem großen Kaufhaus unter. Dort ging ich durch eine Seitentür in die Warenannahme. Ich sah, wie gerade ein Kombi mit Speiseabfällen aus der Kantine beladen wurde. Humpelnd trat ich zu dem Fahrzeugführer, erklärte ihm, ich hätte meinen Fuß fürchterlich verstaucht und könne kaum gehen. Ich fragte ihn, ob er mich freundlicherweise ein Stück bis zu meinem parkenden Auto mitnehmen wolle, denn fahren könne ich sicher noch. Er stimmte zu, und sowie er mit dem Einladen fertig war, brachen wir auf.

Als wir aus der Ausfahrt kamen, wimmelte es von Streifenwagen und Polizisten auf Motorrädern. Auch zu Fuß irrten Polizisten mit und ohne Uniform auf der Suche nach mir umher. Mein hilfsbereiter Chauffeur wunderte sich über die aufwendige Aktion und meinte: „Hinter wem die wohl her sind?“ Er ahnte nicht, daß er gerade dem so heiß Gesuchten zur Flucht verhalf.

Kurz vor meinem geparkten Auto ließ ich meinen Retter anhalten, stieg aus, bedankte mich vielmals für seine Hilfsbereitschaft, humpelte noch einige Meter, bis er weg war, und ging die letzten Schritte gesunden Fußes zu meinem Auto. Unerkannt konnte ich einsteigen und fuhr noch einmal die Gefahrenzone ab, in der immer noch nach mir gesucht wurde, als ginge es um Bankräuber oder Terroristen.

♦ ♦ ♦

Hinter der großen Glastür eines Seitenausganges zeigte ich meinen Schniedelwutz einer Frau, die gerade vorbeiging. Ihr schien meine Vorführung zu mißfallen, denn sie stürmte mit empörter Miene in einen Laden nebenan. Schnell machte ich mich aus dem Staub, lief zu meinem Auto und fuhr in die Nähe des Ortes der Handlung, um beobachten zu können, was weiter geschehen würde.

Meine Vermutung, daß die Polizei gerufen worden war, bestätigte sich, denn der erste Streifenwagen kam schon um die Ecke gebogen. Kurze Zeit darauf folgten weitere. Nachdem sie mit der unfreiwilligen Schniedelwutzbetrachterin Kontakt aufgenommen hatten, durchsuchten sie das Gebäude, während andere Polizisten in der Umgebung nach mir fahndeten. Dabei kamen sie ganz dicht an mir vorbei. Die Blicke der Polizisten schweiften über die Straßen, in die Ecken neben und hinter den parkenden Autos, aber nicht in mein Auto hinein. So bemerkten sie nicht, wie ich sie beobachtete.

Etwa dreißig Minuten sah ich mir noch den Aufwand der Polizei an und fuhr dann doch sicherheitshalber davon, obwohl ich gern gewußt hätte, wie lange die Suchaktion nach mir noch dauern würde. Man gewinnt den Eindruck, daß durch sittliche Vergehen - und seien sie noch so harmlos - bei einigen Polizisten ein gewaltiges Jagdfieber ausgelöst wird. Wie erklärt sich sonst dieses emsige Vorgehen?

♦ ♦ ♦

Eine dramatische Begebenheit erlebte ich, als ich an einem warmen, aber regnerischen Vormittag wieder einmal den Drang verspürte, Frauen zu zeigen, was sich unter meiner Hose verbirgt. Ich zog einen lockeren bunten Turnanzug an, setzte mich ins Auto, fuhr los und stoppte an einer mir geeignet scheinenden Stelle. Nachdem ich meinen Wagen geparkt hatte, ging ich einige Meter zu einer schmalen Einbahnstraße, in der links und rechts Autos standen.

Ich stellte mich zwischen zwei davon, den Blick auf die vorbeifahrenden Wagen gerichtet. Kam ein Auto um die Ecke, in dem eine Frau hinterm Steuer saß, zog ich meine Jogginghose bis zu den Knien herunter und zeigte ihr mein aufgerichtetes Glied. Dabei hielt ich mit der linken Hand meinen Regenschirm hoch, zum einen, damit ich nicht so naß wurde, zum anderen, um mein Gesicht zu verbergen. Mit der rechten Hand rieb ich mein Glied, damit es nicht erschlaffte. Da an dieser Stelle nur langsam gefahren werden konnte, mußte die jeweils vorbeifahrende Frau genau erkennen, was ich trieb.

Als ich mich so fünf oder sechs Frauen gezeigt hatte, wobei ich mich immer wieder umsah, ob mich auch niemand beobachtete, kamen plötzlich zwei Polizisten angestürmt. Bevor sie mich richtig sehen und erkennen konnten, flitzte ich um die Ecke zu meinem Auto. Sekunden später rannten die beiden Polizisten, ohne mich im Wagen sitzen zu sehen, an mir vorbei. Nachdem ich mich einen Moment ruhig verhalten hatte, dann aber sah, daß mittlerweile auch Streifenwagen herumkurvten, fuhr ich aus meiner Parklücke und dachte nur ängstlich: „Nichts wie weg hier."

Auf der Heimfahrt hielt ich noch kurz bei einem Bäckerladen, um Brötchen mitzunehmen.

Kaum hatte ich mich in meiner Wohnung von dem Schrekken etwas erholt, sah ich einen Streifenwagen vorfahren. Schnell zog ich meinen bunten Sportanzug aus und etwas anderes an, als es schon klingelte. Da ich nicht sofort aufdrückte, klingelte einer der Polizisten Sturm, während der zweite hinter das Haus lief, um nachzusehen, ob ich mich nicht über den Hof davonmachte. Nachdem ich die Tür geöffnet und sie hereingelassen hatte, eröffneten sie mir, daß ich vorläufig festgenommen sei.

Zunächst fuhren sie zu ihrem Vorstadtrevier, um einige Formalitäten zu erledigen, und dann zum Polizeipräsidium.

Dort wurde ich erst mal wieder erkennungsdienstlich behandelt und dann in eine Zelle gesperrt. Nach etwa zwei Stunden holte man mich zu einer Gegenüberstellung. Ich sah, wie eine Frau, die neben einem Kripobeamten stand, mich musterte und achselzuckend etwas zu dem Beamten sagte. Nach einiger Zeit kamen zwei Kripobeamte auf mich zu und gaben mir zu verstehen, daß sie mit mir nach Hause führen.

Wieder dort angekommen, überprüften sie zunächst mein Auto und schauten sich danach in der Wohnung um. Zum Glück war ich allein, so daß - außer vielleicht die Nachbarn - niemand etwas davon mitbekam. Mit Sicherheit suchten die Kripobeamten den bunten Jogginganzug, den ich geistesgegenwärtig in die Waschmaschine gesteckt hatte, in der sie zum Glück nicht nachschauten.

Warum wurde ich überhaupt verdächtigt? Vermutlich hatte sich ein Polizist, als ich vom Tatort davonfuhr, mein Autokennzeichen notiert. Da ich für sie ja wie vom Erdboden verschwand, war es naheliegend, zu überprüfen, wer im dem Wagen saß, der zum Zeitpunkt der Tat in der Nähe parkte. Schnell reimten sie sich alles weitere zusammen, denn ich war ja als Exhibitionist registriert. Weil ich jedoch zu dem Vorfall schwieg, nur den Gang zum Bäcker erwähnte - die Brötchentüte konnten sie sehen - und die 'Geschädigte' mich auf Grund meiner veränderten Bekleidung nicht wiedererkannte, verlief das ganze Spektakel im Sand.

Die Aktion begann etwa um 8.30 Uhr, und es war nach 13.30 Uhr, als ich beruhigt durchatmen konnte, weil mir eine gerichtliche Prozedur erspart blieb. Über fünf Stunden waren mehrere Polizisten beschäftigt, weil eine Frau es nicht gut fand, daß ich ihr zeigte, was ein Mann unter der Hose trägt.

Ein weiteres aufregendes Erlebnis hatte ich an einer U-Bahn-Haltestelle. Zwei verschiedene Treppen führten zu einer geräumigen Zwischenetage, in der unter anderem ein Fahrkartenautomat stand und eine große U-Bahn-Netzkarte. Von dort gingen Treppen nach unten zu den Bahnsteigen. ich stellte mich hinter die Netzkarte und wartete auf die 'Richtige'. Zwischenzeitlich gingen immer wieder Fahrgäste vorbei, die mich nicht interessierten.

Als dann eine junge Frau kam, die meinen Vorstellungen entsprach, drehte ich mich zu ihr um und ließ die Hose herunter. Sie zeigte erfreulicherweise überhaupt keine Angst, sondern sah mich neugierigen Blickes an. Dann sagte sie mit polnischem Akzent: „Ich bin verheiratet - das kann ich auch bei meinem Mann sehen." Darauf ich zu ihr: „Glaubst du, dein Mann würde wegschauen, wenn sich ihm eine Frau entblößt zeigt?"

Ich merkte, wie ihre Augen gebannt auf meinen Schniedel gerichtet blieben. Aus etwa drei bis vier Meter Abstand schaute sie mir interessiert, ja fast entzückt zu, wie ich abwechselnd mein Glied massierte und es dann wieder frei stehen ließ. Dabei wurden noch einige belanglose Worte gewechselt, bis unser gegenseitiges erregendes Spiel durch auftauchende Fahrgäste leider unterbrochen wurde. Sie ging darauf zum Bahnsteig, und ich machte mich schleunigst aus dem Staub. Auch wenn ich wegen der Unterbrechung nicht bis zum Orgasmus kam, war das doch ein tolles Gefühl: Ich fand eine staunende Betrachterin.

♦ ♦ ♦

Bei einem meiner exhibitionistischen Streifzüge hatte ich an einem heißen Sommertag auch einmal eine interessierte junge Zuschauerin. Sie saß wartend auf einem Stein und beobachtete die vorbeifahrenden Autos. Ich ging auf dem Fußgängerweg bis zu ihrer Höhe und stellte mich zwischen zwei parkende Wagen. Mit einem Blick nach allen Seiten vergewisserte ich mich, daß mich sonst niemand sehen konnte, und schob dann eine Hosenbein meiner Shorts beiseite, so daß mein Geschlechtsteil freilag. Meinen Blick richtete ich dabei auf die junge Frau, die in etwa acht Meter Entfernung seelenruhig sitzenblieb und sich genau ansah, wie ich langsam mein Glied zum Erigieren brachte.

Als ich nach etwa zwei bis drei Minuten, angeregt durch ihr interessiertes Zusehen, ejakulierte, änderte sich nichts in ihrem Verhalten. Sie schaute meine exhibitionistische Darbietung an, als folge sie einem Maler bei seiner Pinselführung. Ich war angenehm überrascht und hatte ein zufriedenes Gefühl. Als ich mich entfernte und nach einigen Metern kurz umsah, fuhr ein Streifenwagen vorbei, dem sie jedoch überhaupt keine Beachtung schenkte. Sie blieb ruhig und unbekümmert auf ihrem Stein sitzen.

Während ich etwas später mit meinem Wagen auf der gegenüberliegenden Straßenseite an ihr vorbeifuhr, hielt dort ein Auto mit einem jungen Mann, bei dem sie einstieg. Was wird sie ihm wohl erzählt haben? Oder hat sie das Erlebnis für sich behalten? Jedenfalls zeigte mir diese Situation, daß auch Frauen durchaus zuschauen können, ohne erschrokken zu sein, Ekel zu empfinden oder sich benutzt zu fühlen.

♦ ♦ ♦

Daß Frauen aus anderen Kulturen nicht so schreckhaft reagieren, wenn sie ein aufgerichtetes Glied zu sehen bekommen, bestätigte sich unter anderem bei folgender Situation: In einem riesigen Hotel streifte ich über die Etagen und sah durch eine offenstehende Zimmertür das asiatische Zimmermädchen beim Aufräumen. Große Hitze herrschte, und die Situation erregte mich.

Die hübsche junge Frau war inzwischen im Badezimmer beschäftigt, als ich mein steifes Glied freilegte, hineinging und so tat, als wolle ich zur Toilette. Mit großen Augen schaute sie auf meinen Unterleib, ohne etwas zu sagen oder Angst zu zeigen. Sekunden stand ich so vor ihr; verwirrt durch ihre Reaktion, sagte ich: „Excuse me", drehte mich um und ging heraus . Als ich mich im Gang noch einmal umdrehte, sah ich sie nicht ängstlich, sondern eher verwundert und interessiert hinter mir her schauen. Sie mußte wohl auch gedacht haben, ich wohnte auf diesem Zimmer.

Im Nachhinein habe ich mich über mich selbst geärgert, weil ich so schnell abbrach. Sie hätte mir bestimmt noch weiter zugesehen bis zum Samenerguß. Das wäre für mich das Allerhöchste gewesen. Doch die für mich beängstigende Nähe, ich stand nur einen Meter von ihr entfernt, und die Ungewißheit, wie sie weiter reagieren könnte, veranlaßten mich zum Abbruch meiner Vorstellung.

♦ ♦ ♦

Für asiatische Frauen aus buddhistischer Kultur scheint ein aufgerichtetes Glied nichts Bedrohliches zu sein. Verbinden sie es mehr mit Fruchtbarkeit und Leben als mit Gewalt, Vergewaltigung und Schändung, wie es einige unserer Frauen tun?

Frauen von islamischer Herkunft reagieren auf den Anblick eines sich entblößt zeigenden Mannes mit scheuen, etwas neugierigen Blicken und in dem Bewußtsein, etwas Verbotenes zu tun. Wenn sie einen fremden Mann nackt zu sehen bekommen - so berichtete mir eine türkische Frau -, gelten sie als unrein, müssen sich waschen und beten. Wenn sie eine derartige Situation erleben und ihrem Mann oder Vater davon erzählten, bekämen sie nur Ärger; daher behalten sie das Erlebnis für sich.

♦ ♦ ♦

Bei all meinen Schauzügen wollte ich nie eine Betrachterin erschrecken oder ihr Angst einjagen. Der Kick war der Wunsch, einen neugierigen, staunenden oder wohlwollenden Blick zu bekommen. Diese oder ähnliche Beweggründe wurden auch von den über siebzig Exhibitionisten genannt, die ich bislang kennenlernte.

Polizei

Bei den vielen Kontakten mit der Polizei habe ich die verschiedensten Typen von Beamten kennengelernt.

- Da waren die ruhigen, zurückhaltenden, die ihrer Pflicht gegenüber dem Gesetz Folge leisteten.
- Dann die lockeren, menschlichen, die humorvoll der Harmlosigkeit des Vorfalls entsprechend handelten.
- Es gab die 'Möchtegernhelden', die großkotzigen, die sich sehr mächtig vorkamen und sich aufspielten, als hätten sie den Staatsfeind Nr. 1 geschnappt.
- Bekanntschaft machte ich auch mit brutalen Sadisten, die auf mir herumschlugen und sich alle möglichen Schikanen einfallen ließen.
- Und dann gab es die Abartigen, deren Augen zu glänzen begannen, wenn sie so einen brisanten Fall bearbeiteten. Ich merkte ihnen an, wie sie dabei ihre frivolen Neigungen auslebten und genüßlich bei der Sache waren.

Immer wieder konnte ich feststellen: Je anziehender die Frau, der ich mich zeigte, desto größer das Jagdfieber derer, die mich fangen wollten. In unserer Gesellschaft läßt die Hilfsbereitschaft der Männer oft sehr zu wünschen übrig; doch manche von ihnen zeigen große Einsatzfreude und heldenhaften Mut, wenn es darum geht, einer hübschen Frau zu imponieren.

Ein einzelner Möchtegernheld hatte jedoch kaum eine Chance, mich zu stellen. Die Empfehlung, die mir als Jugendlichem von Seiten der Behörden gegeben worden war, nämlich, viel Sport zu treiben, um von meiner Zeigesucht loszukommen, hatte lediglich bewirkt, daß ich schnell, kräftig und gewandt geworden war. Wenn ich einmal eingefangen wurde, dann geschah dies durch eine größere Gruppe und durch Umstände, aus denen es kein Entrinnen gab.

Meine Kraft, Schnelligkeit und Gewandtheit benutzte ich jedoch nur zum Weglaufen und Ausweichen. Da ich durch meine sportlichen Betätigungen auch im Nahkampf ausgebildet bin - ich lernte die Kunst der Selbstverteidigung -, wandte ich auch mal einen leichten Abwehrgriff an, um mich des lästigen Fängers zu entledigen.

♦ ♦ ♦

Wie Polizei und Kripobeamte mich in einigen Fällen behandelten, möchte ich hier kurz schildern: Ein Kripobeamter verlangte von mir bei der Vernehmung, meine Hose herunterzuziehen. Von allen Seiten machte er Fotos, wobei er mich zu mehreren Stellungen aufforderte. Da wohl kaum den 'geschädigten' Frauen die Bilder gezeigt werden, um mich zu identifizieren, frage ich mich im nachhinein, für wen er die Bilder machte. Dieser Beamte sorgte zudem dafür, daß ich in eine Arrestzelle gesperrt wurde, bis mich am nächsten Tag der Staatsanwalt freiließ.

♦ ♦ ♦

In einer anderen Stadt und einige Jahre später zwang mich abermals ein Kripobeamter, meine Hose herunterzulassen. Er fotografierte ebenfalls, und ich ließ es zu, denn er drohte, wenn ich mich weigere, werde er mich einbuchten. Außerdem zog er meinen Führerschein ein mit der Begründung, daß ich mein Auto für kriminelle Zwecke benutzt hätte. Durch die Hilfe meines Anwalts bekam ich den Führerschein jedoch nach einigen Tagen zurück. Offenbar war der Justiz klargeworden, daß ich ebenso mit dem Zug oder dem Fahrrad hätte losziehen können.

Über das Vorgehen der Kripobeamten, die Bilder von mir mit heruntergezogener Hose machten, erzählte ich niemandem etwas. Ich fühlte mich nach einer Zeigeaktion ohnehin wie der letzte Dreck und schämte mich so sehr, daß ich mich in keiner Weise zur Wehr setzen konnte.

♦ ♦ ♦

Bei einer Festnahme durch einen Streifenwagen nach einer Zeigeaktion machte ich die Bekanntschaft zweier Polizisten der übelsten Sorte. Zunächst durchwühlten sie mein Auto und demolierten dabei Teile der Inneneinrichtung.

Nachdem sie mich zur Wache gebracht hatten, um den Vorfall aufzunehmen und mich zu verhören, führten sie mich erst mal einer Reinigungsfrau im Nebenzimmer vor. Sie erzählten ihr, was für einen Fang sie mit mir gemacht hatten, und ließen dabei vor der Frau die übelsten und lockersten Sprüche los. Sie erwähnten auch ihren schwulen Kollegen, der auf solche Schweinereien stehe. Schade, daß er im Augenblick nicht auf dem Revier sei, denn er sei auch ganz scharf auf Schwanzlutschen. Sie vertrödelten mit ihrem Theater eine Menge Zeit.

Nachdem fast zwei Stunden im Polizeirevier verstrichen waren, brachten die Polizisten mich in Handschellen zur Arrestzelle auf dem Polizeigelände. Dabei führten sie obszöne Redensarten, von denen die Frau, der ich mich gezeigt hatte, wahrscheinlich mehr schockiert gewesen wäre als über das, was sie bei mir kurz sah.

An der Eingangspforte des Geländes hielten sie noch mal an, um mich einer Beamtin vorzuführen. Sie berichteten, was ich getan hätte, und fragten sie belustigt, was man mit einem wie mir machen müsse. „Natürlich einsperren“, war ihre Antwort. So einen könne man doch nicht frei herumlaufen lassen. Voller Ausgelassenheit übergaben sie mich schließlich dem Wachpersonal des Gefängnisses. Der ganze Ablauf war für die beiden ein ‘Mordsgaudi’.

♦ ♦ ♦

Bekanntschaft mit einem brutalen, sadistischen Polizisten machte ich, als ich mich in einer langen Verkaufspassage durch die Schaufensterscheibe einer reizvollen Frau - vermutlich die Besitzerin des Ladens - zeigte. Als sie meine Vorführung bemerkte, griff sie sofort zum Telefon. Zügig packte ich daher ein und verließ meinen Standort. An der Hauptstraße angekommen, erblickte ich schon den ersten Streifenwagen. Sofort lief ich zurück, um auf der anderen Seite zu entkommen. Doch diesmal war es zu spät. Von allen Seiten kamen Polizisten angestürmt; zu fliehen oder noch schnell irgendwo unterzutauchen, war aussichtslos.

Der erste Polizist, der mich erreichte, schlug sofort auf mich ein, während ein zweiter seine Pistole entsicherte und auf mich richtete. Obwohl ich mich weder zur Wehr setzte, noch versuchte zu fliehen, ging das Schlagen weiter. Blutüberströmt wurde ich in Handschellen von fünf oder sechs Polizisten abgeführt. Die Frau, die die Polizei gerufen hatte, bekam diesen brutalen Vorgang mit und war entsetzt darüber. Sie sagte zu ihnen, so mit mir umzugehen, sei sicher nicht in Ordnung. Aufgrund des Vorgehens der Beamten erstattete sie keine Anzeige gegen mich.

Auf dem Weg im Streifenwagen zum Polizeipräsidium bekam ich einige großkotzige Sprüche von dem schlagwütigen

Polizisten zu hören. Auf meine Frage, ob er ohne Uniform und bewaffnete Verstärkung auch so mutig sei, hätte er am liebsten weitergeknüppelt, doch sein Kollege hielt ihn diesmal davon ab.

Nachdem ich im Kommissariat bei einem Kripobeamten abgeliefert worden war, konnte ich mir zunächst das Blut abwischen und mich notdürftig verarzten. Da die Anruferin keine Anzeige erstattet hatte und ich mich zu dem Vorfall nicht äußerte, wurde ich nur erkennungsdienstlich erfaßt. Das Verfahren wurde eingestellt.

♦ ♦ ♦

Auch keine Chance zu fliehen hatte ich, als ich in einer kleinen Passage vor einer Boutique einer Verkäuferin mein erregtes Glied zeigte. Anstatt es zu bestaunen, alarmierte sie die Polizei, die sofort anrückte, denn zu meinem Pech war das Polizeipräsidium nur wenige Meter entfernt. Ich versuchte zwar zu fliehen, indem ich in die nächste Passage rannte, doch hier kam ich nicht weiter. In der Toilette eines kleinen Cafés versuchte ich mich zu verstecken. Doch ein Mann, dem die Verkäuferin ebenfalls voller Empörung meine Vorführung schilderte, folgte mir und verriet den Polizisten meinen Schlupfwinkel. So ergab ich mich und wurde abgeführt.

Auf der Wachstube befahl man mir, auf einer Bank Platz zu nehmen. Die übrigen Polizisten des Reviers unterbrachen ihre Beschäftigung und unterhielten sich aufgeregt über mich. Dabei bemerkte ich verächtliche Blicke in meiner Richtung.

Es scheint für viele Männer furchterregend unmännlich zu sein, seinen Trieb auf die Weise, wie ich es tat, auszuleben. Bedeutet es für sie einen Verrat an der ach so überlegenen

Männlichkeit, unter der sie verstehen, sich jederzeit in der Gewalt zu haben, sich beherrschen zu können?

Anders wäre es, wenn ich die Verkäuferin auf raffinierte Art verführt und sie umgelegt hätte, wie es in der Männersprache ausgedrückt wird. Dann wäre ich für diese Männer der große Held, den sie insgeheim beneiden, obwohl ich dann ebenfalls seelisch krank wäre und eine Behandlung benötigte. So war ich nur Abschaum, und das bekam ich zu spüren.

Als ich wegen meiner inneren Unruhe und Niedergeschlagenheit aufstand und in dem Raum, aus dem ich nicht entfliehen konnte, auf und ab ging, kam ein Polizist auf mich zu, baute sich vor mir auf und schlug mir ohne Vorwarnung seine Faust mit voller Wucht ins Gesicht. Seine Begründung war, ich hätte gefälligst sitzen zu bleiben.

Oft frage ich mich, wie diese Beamten ihre Gestörtheit ausleben würden, wenn sie nicht bei der Polizei

♦ ♦ ♦

Bei einer meiner Festnahmen, an der sich vier Streifenwagen beteiligten, fragte ich einen Polizisten auf der Fahrt in das Präsidium, warum ein so riesiger Aufwand betrieben werde, nur weil ich einer Frau des Mannes bestes Stück zeigte. Er antwortete: „Ob Bankräuber oder Dödelschwinger, da machen wir keinen Unterschied!“

♦ ♦ ♦

Bei einer anderen Festnahme bekam ich in einer Wachstube mit, wie ein Verkehrsunfall gemeldet und ein Streifenwagen angefordert wurde. Die beiden Polizisten, die sich voller Begeisterung mit mir beschäftigten und einen höchst gefährlichen Verbrecher in mir sahen, gaben der Leitstelle zu verstehen, jetzt Wichtigeres zu tun zu haben, und ließen die Unfallteilnehmer warten.

Wenn dem Vorzeigen eines Gliedes mehr Gewicht und Beachtung bei der Polizei zukommt als einem Unfall, so ist es nicht verwunderlich, daß die Ordnungshüter oft überlastet sind und für tatsächlich schwere Vergehen wenig Zeit und Kräfte zur Verfügung stehen.

Bei einer weiteren Festnahme erfuhr ich, daß bereits eine Großfahndung nach mir lief. Plakate wurden angefertigt, wie man sie von Terroristen kennt. Mit Hilfe von Hubschraubern wurde ich allerdings noch nicht gejagt und eingefangen.

Anderen Exhibitionisten ist jedoch ein solch riesiger Aufwand zuteil geworden. Über Hubschraubereinsätze beim Verfolgen von Exhibitionisten wurde öfter in Zeitungen berichtet. Einer der größten Polizeieinsätze, von dem ich durch die Presse erfuhr, fand statt, als sich ein Mann einer dreiunddreißigjährigen Frau zeigte. Sie alarmierte die Polizei, die in kurzer Zeit das Gelände umstellte. An der Treibjagd beteiligten sich Polizeieinheiten aus drei Großstädten, und den Höhepunkt bildete der Einsatz eines Hubschraubers.

♦ ♦ ♦

Wie unterschiedlich die Polizei auf männliche und weibliche ExhibitionistInnen reagiert, mögen folgende Begebenheiten verdeutlichen: Als ein männlicher Schamverletzer sich an einem Sommernachmittag einer Frau zeigte, wurde er durch mehrere Streifenwagen und einen Hubschrauber gejagt und eingefangen.

Mit dem Zeitungsbericht über diesen Vorfall fuhren eine Bekannte und ich zu dem zuständigen Kommissariat, um den eingefangenen Zeigesüchtigen durch eine Broschüre über die Selbsthilfegruppe zu informieren. Zunächst kamen wir an der Wachstube vorbei, wo wir uns mit Hilfe des Presseberichts nach dem zuständigen Kriminalbeamten erkundigten. Beim Weitergehen hörten wir die Bemerkung: „Aha, noch eine Geschädigte".

Im Zimmer des Kripobeamten fragte eine Beamtin, nachdem wir den Zeitungsausschnitt gezeigt hatten, meine Begleiterin: „Sind Sie auch eine Geschädigte?" - „Nein, davon bin ich nicht geschädigt," antwortete sie, „doch von dem Qualm in Ihrem Zimmer fühle ich mich eher belästigt und geschädigt", fügte sie spontan hinzu. Darauf schaute die Beamtin verstört drein. Es hatte ihr die Sprache verschlagen.

Der Polizeibeamte, der an dem spektakulären Hubschraubereinsatz mitgewirkt hatte und den Fall bearbeitete, kam kurz darauf ins Zimmer und dachte natürlich: „Oh, eine Geschädigte, die ebenfalls eine belastende Anzeige aufgeben möchte". Das ließen jedenfalls seine einleitenden Worte vermuten.

Doch als wir den Anlaß unseres Kommens nannten und ich ihm die Broschüre über die Selbsthilfegruppe gab mit der Bitte, diese dem eingefangenen Exhibitionisten zu überreichen, verfinsterte sich seine Miene, der anfängliche Eifer verschwand, ein Unbehagen war von seinem Gesicht abzulesen.

Nach kurzem Wortwechsel wies meine Begleiterin darauf hin, daß sie sich auch von Frauen belästigt fühle, die oben ohne in Parks, öffentlichen Badeanstalten und an Stränden schamverletzend zu sehen sind. „Wenn Sie das stört", war die Antwort des Kriminalbeamten, „müssen Sie eben wegschauen oder woanders hingehen." Auf die Frage, warum er diesen Rat nicht der dreiunddreißigjährigen Frau gegeben habe, die den Mann angezeigt hatte und der daraufhin wie ein Gewaltverbrecher gejagt und eingefangen worden war, gab er zur Antwort, das sei ja wohl etwas anderes. Aber inwiefern, konnte er nicht beantworten.

♦ ♦ ♦

Die Reaktionen der Beamtin und des Polizisten brachte meine Begleiterin auf den Einfall zu testen, wie die Polizei auf eine Anzeige über weibliche Schamverletzung reagieren würde.

Einige Tage später sah sie im Park eine Frau, die sich mit entblößtem Oberkörper sonnte. Aus einer Telefonzelle wählte sie die 110 und sagte zu dem Polizeibeamten: „Ich möchte einen Vorfall melden: hier zeigt sich eine Person in schamverletzender Weise." Darauf der Beamte forsch: „Wo sind Sie jetzt? Wie sieht der Mann aus? Beschreiben Sie ihn!" Worauf meine Begleiterin richtigstellte, daß es sich nicht um einen Mann, sondern um eine Frau handele, die mit entblößtem Busen auf einer Wiese sitze und sich nicht daran störe, daß sie von den vorbeigehenden Kindern und Erwachsenen gesehen werden könne.

Der Polizeibeamte schluckte erst mal, bevor er begriffen hatte, um was es hier ging, denn eine so ungewöhnliche Meldung war ihm sicherlich noch nicht vorgekommen. Er sagte meiner Begleiterin, daß er erst mal mit einem Kollegen Rücksprache halten müsse, was in solch einem Fall zu tun sei.

Nach kurzer Zeit meldete er sich wieder: Die Polizei könne da nichts unternehmen, Frauen dürften das. Die Frage, warum denn so große Unterschiede zwischen Männern und Frauen gemacht würden, überstieg jedoch sein Wissen. Er bemerkte nur noch, das sei eben üblich.

Juristen

So unterschiedlich Polizeibeamte gegenüber dem Phänomen des männlichen Exhibitionismus eingestellt sind, so verschiedenartig bewerten auch Staatsanwälte und verurteilen Richter das in unserer Gesellschaft tabuisierte Verhalten. Bei Gerichtsverhandlungen ist oft eine große Hilflosigkeit der Beteiligten zu spüren. Während die einen das männliche Exhibieren als verwerfliches und hart zu bestrafendes Vergehen ansehen, werten die anderen es als einen nicht ernst zu nehmenden Vorfall. Oftmals beurteilen sie es als eine Störung, die vor keinem Gericht abgehandelt, sondern eher bei einem Therapeuten erörtert werden sollte.

Ungereimtheiten bei der strafrechtlichen Verfolgung der Exhibitionisten beklagt in der Zeitschrift für Rechtspolitik eine Bremer Juristin, die von einer nur geringen Sozialschädlichkeit dieses Sittendelikts ausgeht. Es gebe dabei, urteilt sie, letztlich keine 'Opfer', allenfalls 'Adressaten' der Tathandlung. Selbst Kindern werde heutzutage durch die 'Präsentation' eines Gliedvorzeigers kaum mehr Schaden zugefügt; was die Kleinen dagegen (ver-)störe, sei die peinliche Befragung durch Polizisten, Staatsanwälte oder sonstige Personen, die das Geschehen hochspielten.

Bei einer Gerichtsverhandlung, in der ich als Angeklagter mich zu verantworten hatte, äußerte der Richter wörtlich: „Vor einigen Jahren war auch Ehebruch strafbar. Hätte das Gesetz heute noch Gültigkeit - die halbe Verwaltung hier wäre vorbestraft."

Meist konnte ich bei meinen Prozessen schon mit dem ersten Blick erkennen, welche Behandlung und Bestrafung ich durch Staatsanwalt und Richter zu erwarten hätte. So hat ein Richter, dem ich eine gewisse Befangenheit und sexuelle Verklemmtheit schon beim Eintreten in den Gerichtssaal ansah, mich zu einer Gefängnisstrafe ohne Bewährung verurteilt. Bei der Berufungsverhandlung traf ich glücklicherweise auf einen liberalen Richter, der das Verfahren einstellte.

Möglich war dies, weil mittlerweile neue Anklagen gegen mich erhoben worden waren, bei denen ich wiederum zu Geld- und Gefängnisstrafen verurteilt wurde. Bei einer Bilanz meiner vielen Verurteilungen (17 mal) habe ich etwa sieben Jahre Gefängnis errechnet, die aber entweder schon im ersten Prozeß oder bei der Berufungsverhandlung zur Bewährung ausgesetzt wurden. Nach Ablauf der Bewährungszeiten wurden die Gefängnisstrafen erlassen.

Zu den Gefängnisstrafen kam aber die stattliche Summe von 36.000,00 DM an Geldstrafen, Anwalts- und Gerichtskosten. Ohne meinen Anwalt, der unbefangen war und sich mit großem Elan für mich einsetzte, hätte ich mit Sicherheit einige Jahre im Gefängnis verbringen müssen. Er konnte letztlich die Richter meistens davon überzeugen, daß die Verbüßung einer Gefängnisstrafe in keinem Verhältnis zu den Vorfällen stehe und daß durch eine Inhaftierung sich meine bisher harmlose und ungefährliche Störung nur verstärken werde. Damit sei der Gesellschaft mit Sicherheit nicht gedient.

Insgesamt sieben Mal veranlaßten die Richter die Erstellung eines Gutachtens über meine Persönlichkeit. Bei diesen Untersuchungen mußte ich mich verschiedenen Tests unterziehen, und mein körperlicher und geistiger Zustand wurde überprüft. Solche Gutachten können bis zu 5000,- DM kosten. Zum Glück brauchte ich keins davon zu bezahlen, weil ich in diesen Fällen nicht verurteilt wurde. Der Auszug eines Gutachtens von Prof. E. Schorsch (†) ist im Anhang zu lesen.

Daß die Adressatinnen, denen ich mein Geschlechtsteil präsentierte, kaum schwerwiegend geschädigt sein konnten, war deutlich während einer Gerichtsverhandlung festzustellen. Der Staatsanwalt, der mein Vergehen auf das Schärfste mißbilligte und mich, wenn möglich, für -zig Jahre hinter Gitter geschickt hätte, konnte laut Gesetz höchstens ein Jahr fordern, was er auch mit Nachdruck tat. Als Richter und Schöffen zur Beratung den Saal verließen, gingen die sechs Klägerinnen in den Flur, während ich auf der Anklagebank sitzen blieb.

Nach kurzer Zeit drang lautes Gelächter aus dem Gang zu mir herein. Das 'schniedelwutzgeschädigte Damensextett' schien sich köstlich zu amüsieren. Sie scherzten und lachten so lange, bis Richter und Schöffen von ihrer Beratung zurückkamen, um das Urteil zu verkünden. Die Damen mußten zweimal aufgefordert werden, in den Saal zu kommen, so abgelenkt waren sie durch ihren Spaß.

Bevor der Richter das Urteil verkündete, fragte ich, ob er die Fröhlichkeit der Damen mitbekommen habe und ob es üblich sei, daß geschädigte Personen sich so während eines Prozesses verhielten? Das Gericht wertete meine Vorzeigeaktion nicht streng, sondern milderte die Forderung des Staatsanwalts zu einer Bewährungs- plus Geldstrafe.

♦ ♦ ♦

Die Hälfte meiner Verurteilungen war nur möglich, weil ich bei der Kripo erkennungsdienstlich als Exhibitionist erfaßt bin. Ist man als Zeigesüchtiger erst mal aufgefallen und geschnappt worden, werden unter anderem Fotos gemacht. Erkannte mich eine der sogenannten Geschädigten auf dem Foto oder stellte sie eine Ähnlichkeit fest, erhielt ich die

Ladung zu einer Gegenüberstellung. Dabei wurde ich meist zwischen mehrere Beamte in Zivil gestellt. Jeder bekam eine Nummer in die Hand, so daß die Frau (oder auch mehrere Frauen) durch einen Sehschlitz sich den Übeltäter heraussuchen konnte(n). Die Polizei versucht natürlich bei solchen Gelegenheiten, alle bisher noch ungeklärten Vorfälle aus den Akten zu bekommen. Da vom Zeitpunkt der Zeigeaktion, die oft ganz kurz ist, bis zur Gegenüberstellung oder Gerichtsverhandlung viele Monate verstreichen können, so daß nur eine undeutliche Erinnerung über das Aussehen und andere Merkmale des Vorzeigers haften bleibt, ist eine Verwechslung nichts Außergewöhnliches, ebensowenig eine Falschanschuldigung.

Es ist allgemein üblich, daß man als einmal aufgefallener Exhibitionist bei aufzuklärenden Sexualdelikten von der Kripo als infragekommender Straftäter verdächtigt wird. Bei Sexualmord, Vergewaltigung, perversem Verhalten mit Sachbeschädigung usw. wurde ich einige Male zu den Verdächtigen gezählt und mein Alibi für die Tatzeit überprüft.

Entsprechend dem Vorurteil: Wer seinen Schniedelwutz zeigt, ist auch zu schlimmeren Schandtaten fähig, wurde manche Überprüfung und Gegenüberstellung mit mir durchgeführt. Es ist so, als würden bei Fahrerflucht alle, die schon einmal wegen überhöhter Geschwindigkeit aufgefallen sind, verdächtigt und überprüft. Oder als würde man alle Raucher als potentielle Brandstifter einstufen.

♦ ♦ ♦

Einmal wurde ich zu neun Monaten Gefängnis auf Bewährung und 1.000,00 DM Geldbuße verurteilt, weil eine ältere Frau mich beschuldigte, sie sexuell belästigt zu haben, als sie das Grab ihres verstorbenen Mannes pflegte. Ihr wurden bei der Kripo Bilder vorgelegt, worauf sie mich als den Belästiger ansah.

Da mich diese Frau keinesfalls reizen konnte, ich mich auch nie auf einem Friedhof gezeigt hätte, ging ich am nächsten Tag los, um die Angaben der Frau zu überprüfen, was eigentlich Aufgabe der Polizei gewesen wäre. Ich fand heraus, daß auf besagtem Friedhof überhaupt kein Grab ihres verstorbenen Mannes existierte. Zudem wurde sie mir von ihren Nachbarn als äußerst merkwürdige Person geschildert. Deshalb ließ ich die Beschuldigung nicht auf mir sitzen und legte Berufung gegen das Urteil ein. In der Berufungsverhandlung wurde ich dank meiner Bemühungen freigesprochen.

Aus Angst, daß die so geächtete und unmännliche Neigung am Arbeitsplatz oder im Bekannten- und Verwandtenkreis bekannt werden könnte, wird ein zu Unrecht Beschuldigter sich selten zur Wehr setzen, wie ich es hier tat, solange es bei einer Geld- oder Bewährungsstrafe bleibt. Er ist froh, wenn er den Termin hinter sich gebracht hat.

♦ ♦ ♦

In einem anderen Fall wurde ich vor den Richter befohlen, weil ich angeblich zu mehreren Mädchen im Alter zwischen zehn und zwölf Jahren gesagt haben sollte: „Wenn Du mir einen wichst, bekommst Du zwanzig Mark.“ Die Mädchen, die das Wort ‘wichsen’ nicht kannten, erzählten den Vorfall zu Hause. Auch die Schulleiterin bekam es zu hören. Diese ging mit den Mädchen zur Polizei, um Anzeige erstatten zu lassen. Dort wurde den Kindern unter anderem auch mein

Bild vorgelegt, und weil ich ähnlich aussah wie der Mann, der sie belästigt hatte, wurde ich angeklagt. Obwohl ich nachweisen konnte, daß ich mich zur Tatzeit an meinem Arbeitsplatz aufgehalten hatte, kam es zur Gerichtsverhandlung.

Vor dem Termin bin ich auf dem Gerichtsflur hin und her gegangen, damit die Mädchen, die mit der Schulleiterin kamen, mich sehen konnten. Als die Mädchen dann nacheinander in den Saal gerufen wurden, bestätigten alle, daß ich nicht derjenige war, der sie vor sechs Monaten angesprochen hatte. Auf Grund dessen wurde ich freigesprochen.

Der Schulleiterin paßte der Freispruch ganz und gar nicht. Noch im Gerichtssaal veranstaltete sie ein fürchterliches Spektakel. Sie war empört, weil ich vor der Verhandlung frei im Gerichtsflur herumgelaufen sei; man müsse die Mädchen doch vor mir schützen, wetterte sie. Sie war absolut verbohrt und konnte nicht begreifen, daß ich mit der Sache nichts zu tun gehabt hatte. Um ihr Handeln zu rechtfertigen, wollte und brauchte sie mich als Schuldigen. Ihr Theater und die unnötige Gerichtsverhandlung haben mit Sicherheit negative Spuren bei den Mädchen hinterlassen. Und den Steuerzahler viel Geld gekostet.

♦ ♦ ♦

Angeklagt und verurteilt wurde ich auch wegen Körperverletzung, obwohl ich in all den Jahren weder aggressiv noch gewalttätig war. In keiner Situation habe ich jemanden geschlagen oder auch nur zurückgeschlagen. Die Anklage wegen Körperverletzung kam zustande, als zwei Bahnbeamte, die kurz vor ihrer Pensionierung standen, versuchten, mich festzunehmen, um mich der Polizei zu übergeben.

Eine Frau, der ich mich am Bahngelände gezeigt hatte, war wieder mal schockiert über meine Darbietung. Sie wandte sich, ohne daß ich es mitbekam, an die beiden Beamten, die sogleich zum Ort des Geschehens anrückten. Als ich gerade die Treppe zu den Bahnsteigen herunterging, kamen mir die beiden Beamten entgegen. Etwa auf gleicher Höhe angelangt, schnappte einer von rechts, der andere von links nach mir, um mich festzuhalten.

Doch ehe sie mich zu fassen bekamen, spurtete ich zwischen ihnen hindurch die Treppe abwärts. Dadurch stießen sie zusammen, wobei einer den Halt verlor und die Treppe herunterfiel. Beide verletzten sich so sehr, daß sie ärztlich versorgt werden mußten und eine Zeitlang arbeitsunfähig waren.

Dies erfuhr ich allerdings erst bei der Gerichtsverhandlung. Ich wurde aufgrund der Beschreibung und dem Erkennungsdienst der Kripo ausfindig gemacht. Die Folgen waren eine Geld- und eine Gefängnisstrafe, welche zur Bewährung ausgesetzt wurde.

Frauen und Exhibitionismus

Laut Strafgesetz, §183, -

(1) Ein Mann, der eine andere Person durch eine exhibitionistische Handlung belästigt, wird mit Freiheitsstrafe bis zu einem Jahr oder mit Geldstrafe bestraft. -

wird eine Frau durch den unfreiwilligen Anblick des männlichen Gliedes belästigt. Bei polizeilichen Vernehmungen, in Anklageschriften der Staatsanwaltschaften und Urteilen der Richter wird sie aber als Geschädigte bezeichnet. Die Presse und die Medien berichten von 'Opfern'.

Der Exhibitionist will in der Regel die Frau nicht belästigen oder schädigen. Auch will er sie nicht erschrecken oder ihr Angst einjagen. Vielmehr möchte er durch sein (Fehl-)Verhalten Sympathie und Zuneigung ausdrücken. Doch fast immer bewirkt er das Gegenteil.

Ich habe mich in meiner langjährigen aktiven Zeit als Exhibitionist immer nur Frauen gezeigt, die durch ihre äußere Erscheinung viel Erotik und eine gewisse sexuelle Freizügigkeit signalisierten. Natürlich kam es auch vor, daß eine Frau, der ich mich zeigte, nicht ganz meiner Vorstellung entsprach. Aber weder Kinder noch Männer oder ältere Frauen wirkten erregend auf mich, wenn ich unter dem Zwang stand, mich zu zeigen.

Mein Vorgehen war fast immer dasselbe. Je nach der vorgefundenen oder herbeigeführten Situation öffnete ich den Hosenlatz oder zog die Hose ein Stück herunter. Um ein erigiertes Glied zeigen zu können, manipulierte ich es, was meinen Rausch ins Grenzenlose steigerte, wenn ich das ideale 'Zielobjekt' vor mir sah. Bevorzugte Stellen, an denen ich hoffte, reizvolle Frauen anzutreffen, waren Kaufhäuser, Passagen, Hausflure, die zu Büroräumen oder Arztpraxen führten, aber auch Wohngebiete, die an Parks grenzten, also überwiegend Orte, wo sich viele weibliche Personen aufhielten. Es mußten aber Frauen sein, die mich auf keinen Fall kennen durften.

Ob ich vor einer oder mehreren Frauen exhibierte, lag an der Situation. Wichtig war, daß ich von anderen Personen nicht dabei beobachtet werden konnte. Eine Bedrohung oder Gefahr konnte für die Frauen kaum ausgehen, denn oft war zwischen mir und der Betrachterin eine Glasscheibe oder Glastür. Außerdem vermied ich einsame Plätze. Zudem hielt ich immer einen gewissen Abstand, denn mir kam es nur auf das Gesehenwerden an.

Reaktionen der Frauen

Ich machte die Erfahrung, daß die Frauen, denen ich mich zeigte, auf sehr unterschiedliche Weise reagierten. Ein Großteil der Frauen sprach eine Person in ihrer Nähe an und berichtete von dem für sie unglaublichen Geschehen. Dabei wurden Männer als Hilfeleistende bevorzugt.

Es gab auch Frauen, die sofort wegschauten, wenn sie mich wahrnahmen, und keine weitere Reaktion zeigten. Verächtliche Blicke waren oft die Antwort auf meine Vorführung. Einige Frauen bekamen einen roten Kopf, eilten davon und unternahmen nichts weiter. Andere schauten gelangweilt, als berühre es sie nicht, oder sie schmunzelten.

Wenn ich an heißen Sommertagen unterwegs war, bekleidet mit einer lockeren kurzen Hose, die ich soweit hochzog, daß Frauen, die mir entgegen kamen, einen Teil meines herunterbaumelnden Schniedelwutz sahen, bemerkte ich aus den Augenwinkeln Reaktionen wie Kopfschütteln, verschämtes Wegschauen oder demonstrative Uninteressiertheit. Die Frauen waren nicht sicher, ob mein Verhalten Absicht war. Solche Situationen verschafften mir ein prikkelndes reizvolles Gefühl, das aber nicht ausreichte, den Druck abzubauen. Bei passender Gelegenheit zeigte ich mich dann doch massiver, indem ich die Hose beiseite schob und meinen Penis zum Erigieren brachte.

Es gab Frauen, die sich zu mir umdrehten, wenn sie mich im Vorbeigehen gesehen hatten. Das erhöhte mein Lustgefühl, so daß ich, wenn die Möglichkeit bestand, ihnen folgte, um mich nochmals zu zeigen. Dabei reagierten allerdings einige ärgerlich, so daß ich mich zurückzog, um auf die nächste in Frage Kommende zu warten oder sie zu suchen.

Sehr selten gab es aber auch Frauen, die sich aufgeschlossen den exhibitionistischen Vorgang ansahen, manchmal, indem sie einige Schritte zurückwichen oder sich eine 'sichere' Stelle suchten, von wo aus sie, ohne Unbehagen zu spüren, zusehen konnten.

Mitunter kamen auch Frauen zurück, wenn sie mich im ersten Augenblick nicht so recht wahrgenommen hatten. Dieses Interesse verschaffte mir ein absolutes Hochgefühl. Auch in diesem Fall bewahrte ich einen gewissen Abstand. Kam mir die Betrachterin zu nahe, wich ich entsprechend zurück.

Manche Frauen, die mich sahen, lachten oder klatschten anerkennend. Einige machten witzige Bemerkungen wie: „Paß auf, daß sich der Kleine nicht erkältet!" oder: „Wem willst Du denn damit imponieren?" oder sie sagten: „Laß Dich mal untersuchen." Diese Betrachterinnen wußten um die Harmlosigkeit eines Exhibitionisten und reagierten entsprechen forsch, humorvoll und angstfrei.

Einmal sagte eine junge Frau im Vorbeigehen zu meiner Vorstellung: „Dir sollte man das Ding abschneiden." „Warum?" fragte ich - worauf sie erwiderte: „Weil er so klein ist." „Sollte ich so einen großen Pimmel haben wie ein Elefant?" entgegnete ich. Diese Aussage fand sie offensichtlich belustigend, denn sie ging lachend und kopfschüttelnd weiter. Bemerkungen wie „der ist aber klein" oder „da habe ich schon größere gesehen" bekam ich häufig zu hören. Solche oder ähnliche Bemerkungen empfand ich keinesfalls als Abwertung, sondern als Verlegenheitsäußerungen.

Ein Teil der Frauen reagierte erschrocken, schimpfte und drohte mit der Polizei. Bei diesen war eine Anzeige nicht ausgeschlossen.

Relativ selten gab es Frauen, die auf mich zustürzten und mit ihrer Handtasche oder ihrem Regenschirm auf mich einschlagen wollten. Bei ihnen suchte ich schnellstens das Weite. Daß eine mir nachlief und schrie: „Stehenbleiben, du Schwein, dich zeige ich an!", kam auch vor.

Einer Prostituierten, die nur mit einem Tanga-Höschen, durchsichtigem Büstenhalter und schwarzen Lederstiefeln bekleidet war, zeigte ich mich aus etwa fünfzehn Metern Entfernung. Als sie mich bemerkte, öffnete sie die Glastüre, hinter der sie stand, und vertrieb mich mit den Worten: „Du alte Sau, verschwinde bloß!“ Diese Reaktion ist typisch für fast alle Prostituierten.

Einem Peepgirl, das während einer Pause in ein nahegelegenes Kaufhaus ging, folgte ich, um zu sehen, wie sie in der Öffentlichkeit auf einen männlichen Exhibitionisten reagiere. Als sie mich zwischen Kleidungsständern mit offener Hose erblickte, wandte sie sich sofort erbost an das Verkaufspersonal, worauf ich natürlich verschwand.

Bezeichnend fand ich auch, daß oft die Frauen mich anzeigten, die selbst durch provozierende Kleidung große Aufmerksamkeit erweckten.

Die von mir am meisten gefürchteten Frauen waren die, die stehenblieben und mich mit grimmigem Blick musterten. Bei ihnen hatte ich den Eindruck, sie wollten sich mein Gesicht besonders gut einprägen, damit sie anschließend bei der Polizei eine genaue Beschreibung geben könnten. Diese Frauen jagten mir besondere Angst ein, denn ihr Gesichtsausdruck erinnerte mich daran, wie meine Mutter immer reagierte.

Stark erregt wurde ich von Frauen, die Wut und Empörung zeigten, bei denen ich den Eindruck hatte, für sie sei der Penis etwas Ekelhaftes, der in ihnen Ablehnung und Verachtung hervorrief. Ihnen zeigte ich mich noch schamloser. Es war eine Art Trotzreaktion.

Den größten Reiz und die höchste Erregung spürte ich bei den Frauen, die ohne Angst mit neugierigem Blick zu mir hinsahen. Von ihnen fühlte ich mich anerkannt. Reaktionen wie Desinteresse, eine gelangweilte Miene oder gar Furcht minderten meine Zeigelust.

Nur ein einziges Mal geschah es, daß bei meinem Bloßstellen in der Öffentlichkeit eine Frau mir fürsorglich und behutsam zuredete. Sie war wohl auf das Problem bestens eingestellt, denn sie empfahl mir mit sanfter Stimme, eine Therapeuten aufzusuchen. Ich schämte mich sehr, zog meine Hose sofort hoch und ging weg. Von der Reaktion dieser Frau war ich so angetan, daß ich eine Weile nicht das Verlangen verspürte, mich zu zeigen.

Wie Peepgirls reagieren

Es ist kaum zu glauben, daß Frauen, die als Peepgirls sich nackt vor lüsternen Männerblicken zur Schau stellen, um damit ihr Geld verdienen, auf einen männlichen Exhibitionisten in gleicher Weise reagieren wie andere Frauen. Auf einer Drehscheibe liegend kann ein Peepgirl von vielen Einzelkabinen aus für 1,00 DM eine Minute lang durch kleine Fenster bestaunt werden. Dabei sieht sie ihre Betrachter nicht. Doch für 5,00 DM kann sie etwa 2 Minuten lang in eine Solokabine geholt werden, in der sich Peepgirl und Betrachter - durch eine Glasscheibe getrennt - gegenseitig sehen können. Viele, die sich zuvor in frivolster und enthemmtester Weise auf der Drehscheibe zeigten, sind empört, wenn der Mann in der Solokabine seine Hose vor ihr fallen läßt. Zwar nimmt das Peepgirl solches Vorgehen notgedrungen hin, wenn dafür zusätzlich bezahlt wird, oder sie verläßt schimpfend die Kabine. Nur kann sie in diesem Fall keine Anzeige erstatten.

Interessant ist auch, daß Peepgirls aus anderen Kulturkreisen sich völlig anders verhalten. Sie empfinden den Anblick eines exhibierenden Mannes weder als demütigend, ekelhaft noch als bedrohend, sondern schauen eher staunend und wohlwollend zu, ja, manche zeigten sich sogar begeistert. Ein Peepgirl aus Jamaika verneinte die Frage, ob es in ihrem Land Männer gebe, die in der Öffentlichkeit fremden Frauen ihren Penis zeigen. Daß es in unserem Land Männer gibt, die das tun, und einige Frauen sehr empört darauf reagieren, die Polizei rufen und Anzeige erstatten, entlockte ihr ein langes herzhaftes Lachen. Daß Frauen sich darüber derart entrüsten, wollte sie nicht glauben.

Ein freundliches Peepgirl nannte, nachdem sie die Solokabine betreten hatte, ihre zusätzlichen ‘Preise’: Ganz freimachen - 10 DM, Beine auseinander - 20 DM, Finger in die

Muschi - 30 DM. Das Angebot der Extras ging bis 100 DM. Auf die Frage, ob sie wisse, was ein Exhibitionist sei, ob ihr schon mal in der Öffentlichkeit einer begegnet sei, antwortete sie mit Nein. Sie war verblüfft darüber, daß es Männer gibt, die das, was sie hier in der Peepshow machte, in der Öffentlichkeit tun. Sie war darüber so erstaunt, daß sie während der Unterhaltung total ihre Geldforderung vergaß.

Ein aus Frankreich kommendes Peepgirl antwortete auf die Frage, ob in ihrem Land männliche Exhibitionisten von der Gesellschaft und der Polizei gejagt werden, mit Nein. Ihr machte es überhaupt nichts aus, wenn ein Mann, ob hier in der Peepshow oder draußen an einer Ecke, sein Geschlechtsteil freilegt. Sie wandte aber ein, daß sie etwas dagegen habe, wenn es vor Kindern gemacht werde. Diese Einstellung war oft zu hören.

Ein aufklärendes Gespräch über die Gründe für den Knacks, den die männliche Zeigesucht darstellt, könnte die negative Einstellung dazu ändern. Das heißt: wären die Hintergründe des männlichen Exhibierens bekannter, könnte die Gesellschaft in unserem Land auch besser damit umgehen.

Gründe der Anzeige

In meinen Gerichtsverhandlungen habe ich verschiedene Gruppen von Klägerinnen, sogenannte Geschädigte, angetroffen.

Bei Fragen, die entweder vom Richter, von meinem Anwalt oder auch von mir gestellt wurden, warum sie Anzeige erstattet hatten, nannten die Frauen folgende Gründe:

Diejenigen, die unsicher waren, ob eine strafrechtliche Verfolgung angebracht sei, gaben an, von ihrem Partner, von Bekannten, Verwandten, Kollegen und letztendlich auch von den Polizeibeamten zur Anzeige gedrängt worden zu sein. Ihnen merkte ich an, daß es ihnen peinlich war, deswegen vor Gericht erscheinen zu müssen.

Die Frauen, die Angst davor hatten, was einer noch alles tun könnte, der sich so zeigt, waren der Meinung, eine Anzeige müsse sein, damit der Mann durch eine Strafe davon abgehalten werde, zu vergewaltigen, Kinder zu schänden oder zu ermorden. Ihre Angst war nicht begründet in dem, was ich tat und was sie sahen, sondern in der Vorstellung von dem, was ich noch alles tun könnte.

Dann gab es Frauen, die - aus was für Gründen auch immer - männerfeindlich eingestellt sind. Bei ihren Begründungen hatte ich den Eindruck, daß für sie der Paragraph 183, der nur männliche Exhibitionisten bestraft und weibliche übersieht, eine willkommene Handhabe ist, ihren Haß an Männern auszulassen. Sie benutzen männliche Schwächen zur Vergeltung gegen männlichen Machtmißbrauch.

Auch die Frauen mit einer verkrampften Einstellung zur Sexualität drängten vor Gericht beharrlich auf eine Bestrafung. Sie sind es ihrer Erziehung und ihrer Einstellung zu geschlechtlichen Dingen schuldig, sich belästigt zu fühlen.

Es ist schwer, mit Frauen ins Gespräch zu kommen, die einen Exhibitionisten glaubten anzeigen zu müssen, wie der folgende Leserbriefwechsel zeigt:

Nr. 155 Ruhr Nachrichten Dortmund (RN)

Mittwoch, 6. Juli 1994

Polizei sucht Exhibitionisten

Auf der Ardeystraße in Richtung Innenstadt ging am Montag gegen 17 Uhr eine 30jährige Frau. An der U-Bahn-Haltestelle Remydamm bemerkte sie einen Unbekannten mit einem silberfarbenen Herrenrad, der auf einer Haltestellen-Plattform stand. Der Mann manipulierte an seinem Geschlechtsteil, flüchtete aber, als weitere Frauen auftauchten. Beschreibung: 1,75 bis 1,80 m groß, 30 bis 35 Jahre alt, blond, ausgebleichtes kurzes Haar, gebräuntes Gesicht mit hellem Schnäuzer, bekleidet mit blau-türkisfarbenem Hemd mit beigen Ovalen sowie Bundfaltenjeans. Hinweise an ✆ 132-41 31

Unnötige Angst und Panik

Zur Meldung „Polizei sucht Exhibitionisten" (RN v. 6.7.) schreibt dieser Leser:

Laut einer Umfrage wissen 13 von 100 Personen nicht, was das Wort Exhibitionismus bedeutet und 22 Personen halten Exhibitionisten für gefährlich. Anstatt aufzuklären, was hinter dieser harmlosen Vorzeigeaktion steckt, und so unnötige Angst, Panik und Hysterie zu vermeiden, werden diese dramatischen Fahndungsberichte herausgegeben.

Niemand regt sich beispielsweise darüber auf, wenn sich eine Frau schamverletzend zeigt. Im Gegenteil: Männer freuen sich über den gebotenen Anblick.

Man sollte endlich damit aufhören, den männlichen und weiblichen Körper darin unterschiedlich zu bewerten. Exhibitionisten haben nichts mit Vergewaltigern oder Schändern zu tun, sondern etwas mit der Lust (Sucht) des Zeigens, die in jedem Menschen in irgendeiner Form steckt.

In Dortmund gibt es eine Selbsthilfegruppe für Exhibitionisten. Informationen unter ✆ 52 90 97 oder 50-2 25 34.

ALFRED ESSER
Leuthardstraße 6

Exhibitionismus nicht hinnehmen

zum Leserbrief „Unnötige Angst und Panik“ (RN vom 16.7.) schreibt diese Leserin, der sich am Remydamm ein Exhibitionist gezeigt hatte:

Die Würde des Menschen ist unantastbar... oder sollte man lieber sagen: die Würde des Mannes ist unantastbar..., denn was für Männer gilt, das zählt noch lange nicht für Frauen.

Endlich konnten Frauen aufatmen, weil die Rechtsprechung ihnen mehr Rechte und Hilfe bei Sexualdelikten (welche wohl immer noch „Kavaliersdelikte!“ sind) zusprach, da kommen wieder Männer wie Herr Esser und bagatellisieren dieses als menschliche Schwäche, die man als Frau hinzunehmen hat.

Aber es handelt sich auch beim Exhibitionismus um eine Straftat, welche nicht einfach hingenommen werden kann. Wo würde unsere Gesellschaft bleiben, wenn z.B. jeder Trickdieb vom Gesetz unverfolgt bliebe, weil er ja niemanden körperlich verletzt hat.

Zum Abschluß kann ich nur allen Frauen Mut zusprechen, sexuelle Belästigungen anzuzeigen. Ich wurde von der Dortmunder Kriminalpolizei darin bestätigt und sehr einfühlsam behandelt, als ich diesen Vorfall zur Anzeige brachte.

(Name und Anschrift sind der Redaktion bekannt)

Ich wandte mich über die Zeitung an die Leserbriefschreiberin und stimmte ihr zu, daß Exhibitionismus nicht einfach hingenommen werden müsse. Aber ich gab auch zu bedenken, wie stark Macken, die schon in der Kindheit geprägt werden können, einen Menschen beherrschen. Entscheidend sei doch, ob jemandem wirklich ein Schaden zugefügt werde. Ich signalisierte meine Bereitschaft, mir ihre Meinung eingehender anzuhören, um sie so besser verstehen zu können. Dazu schlug ich vor, uns bei der KISS oder im Gesundheitsamt zu treffen.

In einem arroganten und schroffen Ton wies die Leserbriefschreiberin das Angebot zu einem persönlichen Dialog zurück. Sie hielt an der Opferrolle fest und sperrte sich gegen einen Gedankenaustausch.

Weibliches Exhibieren

In einem Fachwörterbuch der Medizin (Ausgabe 1991) steht unter Exhibitionismus:

⇒ Öffentliche Entblößung der Schamteile bzw. weiblichen Brüste.

Auch Frauen zeigen sich in schamverletzender Weise. Das wird von Männern mit Freude und Begeisterung gesehen. Sie sind nicht erschreckt, sondern werden sexuell angeregt. In öffentlichen Parks, vor allem aber an Badestränden ist in den letzten Jahren immer mehr zu beobachten, daß Frauen stolz ihren nackten Busen zur Schau stellen. Badeanzüge und Bikinis haben nicht mehr die Aufgabe, zu bedecken, sondern auf die Geschlechtsmerkmale hinzuweisen, sie zu dekorieren.

In unserer Gesellschaft ist kaum bekannt, daß es auch Frauen gibt, die ihre Schamteile unter Zwang zur Schau stellen. Doch da sie weder angezeigt werden noch darüber Berichte erscheinen, wird diese Tatsache so gut wie nie wahrgenommen.

Eine junge, nicht übel aussehende Frau aus Holland, die hin und wieder die Zusammenkünfte einer Selbsthilfegruppe für Exhibitionisten in Utrecht aufsucht, berichtete folgendes: Wenn sie sich schamverletzend zeigt, bevorzugt sie Plätze, die überwiegend von älteren Männern aufgesucht werden, so daß sie bei eventueller Aufdringlichkeit sich zur Wehr setzen kann. Die meisten Männer jedoch, so berichtete sie, bleiben friedlich, sie genießen das ihnen Gebotene. Spaß macht ihr auch, wenn sie vor einem Mann eine Rolltreppe hochfährt, bekleidet nur mit einem kurzen Rock ohne Höschen darunter. Meistens folgen ihr die Männer, um noch mehr sehen zu können. Ärger mit der Polizei hat sie bisher noch nicht bekommen. Welcher Mann würde schon Anzeige erstatten?

Wenn ein Mann Anzeige erstatten würde, stände dann am nächsten Tag folgender Bericht in der Zeitung?

„Nach dramatischer Jagd Schamverletzerin per Hubschrauber eingefangen! Gestern gegen 15.00 Uhr haben Polizeieinheiten aus Bochum, Witten und Dortmund (der Tatort lag im Grenzbereich dieser drei Städte) eine Exhibitionistin gejagt und schließlich mit Hilfe eines Hubschraubers festnehmen können.

Die dreiundzwanzigjährige Dortmunderin hatte sich in Dortmund-Kley einem vierundvierzigjährigen Mann in schamverletzender Weise gezeigt. Als der ahnungslose Mann die Stockumer Straße überquerte, kam ihm die junge Frau auf der gegenüberliegenden Straßenseite entgegen. Sie hob plötzlich ihren Rock hoch, den sie als einziges Textil unterhalb ihres Bauchnabels trug, und zeigte sich entblößt.

Der vierundvierzigjährige Mann geriet in panische Angst und rannte zur nächsten Telefonzelle, von wo er die Polizei alarmierte. Die Polizei, die derartig sittenwidriges Verhalten aufs schärfste verfolgt, kam auch sogleich mit mehreren Streifenwagen, um die inzwischen flüchtige Schamverletzerin einzufangen. Doch diese konnte sich zunächst in ein nahegelegenes Wäldchen absetzen, so daß Verstärkung angefordert werden mußte.

Die eifrigen und verantwortungsbewußten Beamten umzingelten das Gelände. Um die Sittentäterin aufzuspüren, wurde nun, der Schwere des Deliktes entsprechend, ein Polizeihubschrauber eingesetzt. Von dort aus konnte die Sextäterin auch nach kurzer Zeit entdeckt werden. Der Einsatz der Polizei lief dann routinemäßig ab und führte kurze Zeit später zur Verhaftung.

Im nachhinein stellte sich heraus, daß die Sextäterin schon mehrfach auf schamverletzende Weise Männern gegenübergetreten ist. Die geschädigten Männer können sich beim hiesigen Kommissariat oder anderen Polizeidienststellen melden."

Würden daraufhin die Männer reihenweise zum nächsten Revier eilen, um ihre erschreckenden Erlebnisse zu Protokoll zu geben?

♦ ♦ ♦

Drei Begebenheiten, die ich in jungen Jahren erlebte und die die verschleierte Form des weiblichen Exhibitionismus verdeutlichen, möchte ich hier schildern:

Ende der fünfziger Jahre - ich war fünfzehn Jahre alt und in einem Hotel beschäftigt - wurde mir am späten Abend aufgetragen, eine Flasche Cola auf eines der Hotelzimmer zu bringen. Mit Colaflasche und Glas auf einem Tablett ging ich zu dem angegebenen Zimmer und klopfte. Die Türe öffnete sich, und vor mir stand eine Dame, bekleidet mit einem weißen Bademantel, der locker über ihrem nackten Körper hing. Ihre Brüste und ihr schwarzes Schamhaar stachen mir in die Augen. Zitternd übergab ich das Tablett mit dem Glas und der Flasche Cola. Es war für mich ein berauschendes Erlebnis. Meine Kollegen und Bekannten, denen ich dieses eindrucksvolles Ereignis schilderte, beneideten mich darum.

Während meiner Bundeswehrzeit - ich war gerade achtzehn Jahre alt - wurde allabendlich in der Wachstube darum geknobelt, wer um 23.00 Uhr die Wachrunde drehen durfte. Was war der Grund für diese ungewöhnliche Dienstbereitschaft? Im Erdgeschoß eines gegenüberliegenden Wohnhauses zog sich jede Nacht genau um diese Zeit eine junge Frau bei zurückgeschobener Gardine und brennendem Licht völlig aus und stieg anschließend ins Bett.

Das dritte Beispiel stammt aus den frühen sechziger Jahren. Zu dieser Zeit bewohnte ich ein möbliertes Zimmer. Von dort konnte ich im gegenüberliegenden Haus eine gutgewachsene Frau beobachten, die jeden Morgen bei offenem Fenster unbekleidet ihre Frühgymnastik machte.

Wären diese Handlungen anstatt von einer Frau von einem Mann begangen worden, hätte man sie zur damaligen Zeit auf das schärfste verfolgt und geahndet.

Auch in der heutigen Zeit werden noch große Unterschiede gemacht zwischen Mann und Frau, die sich schamverletzend zeigen. Die Presse schlägt in dieselbe Kerbe: Unter der Überschrift „Saharahitze“ waren im Juli 1991 in unserem bekanntesten und meistgelesenen Boulevardblatt sechs Nackedeis abgebildet. Drunter die Schlagzeile:

„Deutsche Mädchen - herrlich nackt“.

Da liegen sie, die Frauen - oft völlig unbekleidet - auf Balkonen, an Seen, Flüssen und in Parks.

In derselben Zeitung war zu lesen: „Im Lippspieker Bad (Haltern) rief eine Frau (36) die Polizei. Ein Mann neben ihr hatte die Badehose ausgezogen...“ Die Polizei: „Nur wenn das Opfer den Täter anzeigt, können wir diesen Kerlen das Handwerk legen.“

Typisch auch eine andere Abbildung in diesem Blatt, bezeichnet mit „Hoheit und Nacktheit“. Es zeigt einen Prinzen bis zum Hals zugeknöpft, in seinem Arm hält er eine völlig nackte Frau.

Eine weitere Abbildung zeigt Steffi nach ihrem Wimbledon-Sieg in einem weit ausgeschnittenen Kleid. Ihr Busen ist kaum bedeckt, und zu lesen ist: „Steffi zeigt Herz“. Könnte man sich vorstellen, Boris würde mit dem Einblick in seine Hose gezeigt und dazu träte als Text: „Boris zeigt Männlichkeit“?

Ein schöner Anblick – oder etwa nicht?

In einer Tageszeitung ist eine junge, hübsche Frau abgebildet, die mit hochgehobenen Rock durch einen Brunnen watet. Darunter ist zu lesen: „Verrücktheiten werden von der Sommerhitze geradezu herausgefordert... und (mindestens männlichen) Betrachtern reizvolle Einblicke verschafft."

Solche Abbildungen mit entsprechenden Texten könnten endlos angeführt werden. Sie haben eines gemeinsam: Weibliche Nacktheit wird positiv, als etwas Erfreuliches angesehen, männliche Nacktheit ist negativ, unerwünscht, ja sogar kriminell. Sie wird mit Angriffslust, Bedrohung und Gewalt in Zusammenhang gebracht.

Frauen dürfen sich entblößt darbieten, Männer machen sich strafbar. Das veranschaulicht auch die folgende kurze Darstellung:

„Eine fiktive Geschichte illustriert in einer Kombination von Humor und Wahrheit sehr schön die unterschiedlichen Einstellungen einer Gesellschaft gegenüber dem gleichen Verhalten bei Männern und Frauen. Wenn ein Mann, der an einem Appartment vorbeikommt, stehenbleibt, um eine Frau zu beobachten, die sich vor dem Fenster auszieht, wird er als Voyeur verhaftet. Wenn eine Frau, die an einem Appartment vorbeikommt, stehenbleibt, um einen Mann zu beobachten, der sich vor dem Fenster auszieht, wird der Mann als Exhibitionist verhaftet."[2]

---

[2] Paul Gebhard, u. a., Sex Offenders, 1965, S. 10

Schaulust der Frauen

In einer Fernsehreportage über Männerstrip glichen die Veranstaltungssäle einen Tollhaus. Wochen vorher waren sie ausverkauft. Nur Frauen hatten Zutritt. Mit den Zähnen zogen tatsächlich einige in Hochstimmung Geratene den Strippern die Unterhose aus.

Großes Aufsehen erregte die Vorstellung des ersten nackten Mannes in der Sendung „Weiber von Sinnen" der Hella von Sinnen bei RTL plus am 6. Februar 1991. Ein riesiger Wirbel wurde um den kleinen Schniedelwutz veranstaltet. Und als gar Thomas Gottschalk in dieser Sendung der Hella von Sinnen seine Wette - in der es darum ging, seine Hose vor den Fernsehzuschauern herunterzulassen - verlor, forderten bei der Frage: „Runter - ja oder nein" 80 % der Zuschauerinnen „runter mit ihr". Sie wollten den Schniedelwutz sehen.

Was ist das für eine Frauenlogik? Hat ein Mann erst eine gewisse Volksgunst erreicht, ist bei manchen Frauen sexuelle Neugier und Schaulust festzustellen. Läßt jedoch ein unbekannter, fremder Mann an irgendeiner Ecke die Hose herunter, ist das Geschrei groß. Anstatt das kostenlos Gebotene zu schätzen, rufen die Frauen die Polizei und fordern Bestrafung.

Öffentlichkeit und Sexualität

Mode und Exhibitionismus

Ein weiteres Merkmal der unterschiedlichen sexuellen Zurschaustellung bei Mann und Frau wird durch die Bekleidung - die Mode - hervorgehoben. In der Frauenmode heißt es : Was gefällt? Grenzen werden hier kaum gesetzt. Frauenkleidung kann noch so herausfordernd sein, sie wird als selbstverständlich hingenommen. Wer sich darüber beklagt, gilt als prüde.

Im Oktober 1990 wurde im ZDF die Damenmode für 1991 aus Paris vorgestellt unter dem Motto, „Was Mann immer schon gerne sehen wollte". Mannequins liefen mit durchsichtigem Oberteil und anderen aufreizenden Bekleidungsstücken über den Laufsteg. Eine Schau, die jedem heterosexuellen Mann das Blut aufwallen ließ.

Man stelle sich umgekehrt vor: Ein Mann mit durchsichtiger Hose spaziert über den Laufsteg. Sollte er es auch noch wagen, in der Öffentlichkeit mit durchsichtiger Hose aufzutreten, würde er als Sittenstrolch von der Polizei verhaftet und der Justiz übergeben.

Der Eindruck entsteht, daß unsere Gesellschaft mit vertauschten Rolle nicht einverstanden ist. Es scheint, als wollten manche Frauen die Rolle des Betrachtetwerdens nicht mit der des Betrachters tauschen, nach dem Motto: „Wenn jemand etwas zeigt, dann sind wir es." Frauen, die ihre Geschlechtsmerkmale optisch herausstellen, indem sie z. B. Pumps tragen, um ihr Gesäß und die Beine zur Geltung zu bringen, ein kurzes Röckchen, enge oder durchsichtige Blusen anziehen oder sich gar auf einem nicht zum FKK freigegebenen Gelände oben ohne zeigen, würden sich gehörig zur Wehr setzen, wenn mann sie mit Prostituierten oder Nymphomaninnen gleichsetzte und ein Gesetz diese

Meinung noch unterstützte. Feministinnenvereinigungen würden so etwas als Diskriminierung der Frau ansehen und nicht eher Ruhe geben, bis dieses Vorurteil abgebaut und das unbegründete und ungerechte Gesetz gestrichen wäre. Männer dagegen nehmen den Paragraphen 183 hin, ohne sich zur Wehr zu setzen.

♦ ♦ ♦

Unter verschiedenen Abbildungen aufreizender Frauenmode in der Tagespresse oder ähnlichen Veröffentlichungen sind folgende entzückende Bemerkungen zu lesen:

♦ Das wird ein heißer Sommer.
♦ ...und das ist die freche neue Mode.
♦ Mode 1991: Der blanke Busen wird neu gerahmt.
♦ Hauteng, kurz und sexy.
♦ Mode - Aussichten und Einsichten.
♦ Finden Sie Tetcha lasterhaft? (Oben-Ohne-Abbildung).
♦ Atemberaubend und mit einem gehörigen Schuß Sex-Appeal.
♦ Zum Verbergen viel zu schade.
♦ Spitzenzauber für wärmere Tage.
♦ Hübsche Einblicke - sie scheut sich nicht, soviel Haut wie möglich zu tragen.

Die Beschreibung über Frauenmode mit der Zurschaustellung der Sexualmerkmale könnte endlos fortgesetzt werden. Je mehr Fleisch die Frau zeigt, um so mehr Beifall erhält sie.

Einwände bestimmter Frauengruppen und Bewegungen, das werde ja alles von Männern bewerkstelligt und die armen Frauen hätten wenig Einfluß darauf, weil nach wie vor die Macht bei den Männern liege, trifft nur bedingt zu. Ich habe jedenfalls noch keine Frau getroffen, die gezwungen

Husch – schnell einkaufen

Düsseldorf – **Mitten am Tag. Eine Frau schlendert über die Einkaufsmeile „Kö". Ihr blondes Haar weht im Wind. Sie gräbt die Hände in die Taschen ihres Trenchcoats. Plötzlich reißt sie den Mantel auf. „Schaut her, ich bin nackt!"**

Verblüffende Reaktionen. Bettina Kindzoria (25): „Sie hat doch 'ne gute Figur. Ein nackter Mann wär' blöd." Sabrina Pedcock (49): „Madonna zeigt sich auch nackt." Hans Blum (55): „Find' ich aufregend." Kubulay Karakas (27): „Am Strand laufen sie auch nackt herum."

Auflösung: TV-Sender „VOX" filmte die Essener Studentin Steffi (24) mit versteckter Kamera. „VOX": „Wir wollten zeigen: Eine Nackte stört keinen, ein nackter Mann würde verhaftet."

Niemand rief die Polizei.

Am 1. April (23.10 Uhr) sehen wir Steffi wieder, im „VOX"-Sex-Journal „liebe Sünde".

Foto: action press

wurde, Pumps, Minirock, hautenge oder durchsichtige Kleidung, ein hochgeschlitztes Kleid oder sonstige sexuell stimulierende Bekleidung zu tragen. Auch die weit ausgeschnittenen Kleider oder Blusen, die durch leichtes Vorbeugen der Trägerin einen tiefen Einblick bis zum Bauchnabel gestatten, werden freiwillig angezogen.

An Badestränden werden Frauen ebenfalls nicht gezwungen, ihr Bikinioberteil abzulegen und sich den Männern Peepshow-ähnlich darzubieten. Doch sicherlich genießen viele Frauen die Blicke der Männer. Oder sie brauchen sie sogar für ihr Selbstwertgefühl, auch wenn sie es ungern zugeben.

Natürlich kann nicht angenommen werden, daß jede Frau, die sich aufreizend kleidet und schminkt, es auf die Bewunderung und Anerkennung der Männer abgesehen hat. Einige haben eine narzißtische Neigung, sie können an keinem Spiegel vorbeigehen, ohne hineinzusehen. Ein weiteres Motiv ist, Neid und Mißgunst bei Kolleginnen und Mitstreiterinnen hervorzurufen. Wenn mann nicht wüßte, wie teuer gerade die klitzekleinen weiblichen Modefetzchen sind, könnte der Anschein verleiten zu glauben, die knappe Bekleidung hänge mit der Armut der Frauen zusammen - für mehr Stoff reiche das Geld nicht.

Werbung und Exhibitionismus

Die Werbung spiegelt unsere Bedürfnisse und Sehnsüchte. Abenteuerlust, Urlaubsstimmung, Gesundheit, Jugendlichkeit, Anerkennung sind einige der Wunschvorstellungen, die dazu benutzt werden, KäuferInnen die Waren schmackhaft zu machen. Vor allem werden immer wieder die in uns schlummernden sexuellen Wünsche, die so zum Kauf anregen sollen, geschickt eingeblendet. Dabei wird die Frau durch das Herausstellen ihrer sexuellen Reize als die Begehrenswerte - das Produkt als das Begehrenswerte - dargestellt: eine Form von Exhibitionismus und Voyeurismus. Hochflatternde Röcke, nackte Schenkel oder entblößte Busen werden selbst für Bier- oder Margarine-Werbung eingesetzt.

Welche Frau möchte nicht insgeheim verführerisch und begehrenswert wirken, wie es durch die weiblichen Darstellerinnen vermittelt wird? Welcher Mann genießt nicht die optischen Reize einer jungen, hübschen Frau? Auch hier ist festzustellen: Die Frau die Zeigende, der Mann der Schauende. Ein männlicher Exhibitionist paßt daher einfach nicht in unser Alltagsbild.

Könnte man sich eine Werbung vorstellen, bei der ein Mann die Ware mit beiden Händen in die Höhe hält und gleichzeitig springt ihm der Hosenlatz auf? Empörung wäre die Folge, und irgendeine 'Sittlichkeitsbehörde' müßte einschreiten und die Darstellung untersagen. Doch großen Erfolg hatte eine Sektwerbung, in der zwei hübsche Frauen die Flaschen emporhielten, wobei ihnen die Röcke hochwehten und ihre kleinen Slips den Betrachtern ins Auge stachen.

Erst in letzter Zeit wird auch der Mann zunehmend als Lustobjekt vermarktet.

Medien und Exhibitionismus

Ein gewohntes Bild in unserer Gesellschaft ist der Anblick weiblicher Sexualmerkmale in Illustrierten und Zeitungen, im Fernsehen usw. Selbst ernstzunehmende Sender zeigen in Unterhaltungsprogrammen Busen und Po als reizvolle Einlage.

Bei Filmen gehört es fast schon zur Gewohnheit, weibliche Nacktheit mit einzubauen. Gern wird das spärlich bekleidete Ballett bewundert, wobei Tänzerinnen sich in erotischen Kostümen zeigen, während die Tänzer meist bis zum Hals zugeknöpft sind.

Dem aufmerksamen Beobachter kann nicht entgehen, daß oft bei Verführungsszenen - in Filmen oder sonstigen Darstellungen - eine liebesbereite Frau sich ihrer Kleidung entledigt, sich entblößt vor dem Mann aufbaut oder hinlegt, so daß für ihn kein Zweifel mehr an ihrer Bereitschaft besteht. Würde das gleiche ein Mann tun, um seinerseits seine Liebesbereitschaft zu zeigen, liefe er Gefahr, mit dem Gesetz in Konflikt zu geraten.

♦ ♦ ♦

Es steht außer Zweifel, daß der Mann durch optische Reize sexuell stimulierbar ist, was durch die gewaltigen Umsätze der Pornoindustrie bestätigt wird. Die Frauen dagegen scheinen eher über ihr Gefühl ansprechbar zu sein. Romantische Liebesszenen verhelfen ihnen, sich in Phantasien und Träume zu versetzen. Was dem Mann die Pornozeitschrift, ist der Frau der Liebesroman.

Doch langsam melden sich auch Frauen, die in der Werbung mehr Nacktheit bei Männern fordern. Beginnt eine neue Ära, in der das männliche Geschlecht nicht mehr als etwas Widerliches, Ekelhaftes, Bedrohendes angesehen wird?

Mittlerweile wird ein entblößter Mann von der Gesellschaft geduldet und vom Gesetzgeber als ein nicht rechtswidrig handelndes Subjekt angesehen, wenn die Zurschaustellung unter dem Deckmäntelchen

- Kunst
- Werbung
- Jux (bei Veranstaltungen) oder
- Provokation (bei Demonstationen)

geschieht,

nicht aber, wenn Lust (sexuelle Erregung) dabei 'im Spiel' ist.

Vergleiche mit anderen Kulturen

In anderen Kulturen wird anders gedacht und geurteilt. Freizügige sexuell aufreizende weibliche Kleidung, wie sie bei uns vorgeführt und hingenommen wird, gilt da als anstößig und wird verachtet. Bei uns zieht sich die Frau aus, um anziehend zu wirken, in anderen Ländern (Islam / Buddhismus) ist so etwas unvorstellbar. Ich möchte keine Kultur ab- oder aufwerten, sondern lediglich darauf hinweisen, daß die unterschiedliche Beurteilung oft nur mit dem zusammenhängt, was wir als Kinder übermittelt bekommen.

Von der islamischen Kultur wissen wir, daß Frauen sich nicht so offenherzig und herausfordernd kleiden, wie es bei uns oft zu sehen ist. Sie bedecken das, was Männer sexuell anregt. Weibliche Merkmale, die die männliche Begierde wecken, in der Öffentlichkeit zur Schau zu stellen, wird verachtet und daher nicht praktiziert. Dem männlichen Glied wird dagegen mehr Bedeutung und Anerkennung zuteil, als es in unserer Gesellschaft der Fall ist. So sind zum Beispiel fast an allen Postkartenständern in der Türkei Ansichtskarten mit einem erigierten Glied zu sehen, eine Phallusabbildung, die Fruchtbarkeit symbolisiert und einen hohen kulturellen Stellenwert einnimmt. Die Höchststrafe für Exhibitionismus beträgt nur einen Monat für das sich-entblößt-zur-Schau-Stellen und zwar für Mann und Frau - im Gegensatz zu hier, wo nur Männer für zwölf Monate eingesperrt werden können.

Eine ähnliche Einstellung zur Sexualität und eine vergleichbare moralische Wertung ist auch im Buddhismus zu beobachten. Auf Sri Lanka sieht man trotz tropischem Klima die Frauen immer so gekleidet, daß sie fremden Männern keinen Anlaß geben, sie als Sexualobjekt zu betrachten. Bei Besichtigungen in Tempelanlagen und heiligen Stätten gilt es als Vorschrift, daß Schulter und Knie bedeckt sind. Der Grund dafür, so wird erklärt, ist, die Begierde der Männer nicht zu wecken, da dies vom Meditieren ablenke.

An den Badestränden und in den Hotelanlagen tragen einheimische Frauen einen vollständigen Badeanzug und oft noch etwas darüber. Die meisten europäischen Frauen, die ihren Urlaub dort verbringen, tragen dagegen die knappsten und aufreizendsten Bikinis. Kaum ein Gesäß ist bei ihnen mit Stoff bedeckt. Selbst das Verbot, ihren Busen freizulegen, wird von einigen mißachtet. Werden sie darauf hingewiesen, lautet ihre Antwort: „Die Männer sehen es doch gern, und wem es nicht paßt, der soll halt weggucken."

Wie sehr einheimische Männer von dem 'Fleischangebot' gelockt werden, ist interessant zu sehen. Sie hängen an den Zäunen der Hotelanlagen wie Zoobesucher vor dem Affenhaus.

Selbsthilfegruppen

Entstehung der Gruppe in Dortmund

Seit meiner Pubertät leide ich unter Zeigesucht. Ich hatte oft versucht, angesichts meines für mich selbst unverständlichen Verhaltens Hilfe zu bekommen. Telefonische oder schriftliche Anfragen bei Psychologen und Psychotherapeuten im Raum Dortmund ergaben, daß für diese Problematik keine Erfahrungen und Erkenntnisse vorlagen. Niemand fühlte sich zuständig, Hilfe anzubieten.

Nach langem Suchen erhielt ich vom Institut für Sexualforschung der Universität Hamburg eine Liste von Therapeuten, die für die Problematik der Zeigesucht in Frage kämen. Aber es gab lange Wartelisten, hohe Kosten und weite Entfernungen. Im Umkreis von sechzig Kilometern - dabei lebe ich in einer Großstadt - war nicht ein einziger Therapeut aufgeführt.

Das bestätigte mir, wie sehr dieses Problem tabuisiert wird. Einfachheitshalber bleibt es der Justiz überlassen, damit fertig zu werden. Aufgrund dieser Erfahrung wandte ich mich an das Justizministerium, von wo aus ich an das Gesundheitsamt verwiesen wurde.

So kam es, daß ich vor sechzehn Jahren zum ersten Mal dort vorsprach. Das Gesundheitsamt bemühte sich - trotz Unerfahrenheit auf diesem Gebiet -, Hilfe anzubieten. Frauen und Männer mit verschiedensten seelischen Leiden wurden zu einer Gruppe zusammengeführt und betreut. Doch mir war es durch große Schamhaftigkeit unmöglich, über mein Problem zu reden, zumal keine weiteren Betroffenen dabei waren. Der Einzige, welcher über mich Bescheid wußte, war unser Betreuer vom Gesundheitsamt. Die Gruppe löste sich nach kurzer Zeit auf. Es fehlte zu dieser Zeit noch an Erfahrung und Erkenntnissen bei Gruppenarbeit.

Meine Erwartungen, mit Betroffenen sprechen zu können: wie sie mit dem Problem umgehen, welche Erfahrungen sie machen, welche Ursachen bei ihnen dazu führten, welcher Zielgruppe sie sich zeigen müssen und so weiter, erfüllten sich nicht. Die Suche nach fachgerechter Hilfe mußte weitergehen.

Aus meiner Not heraus wandte ich mich auch an die WDR-Redaktion „Hilferufe“. Ein Psychotherapeut von dort antwortete mir:

„...Zunächst einmal finde ich es anerkennenswert, daß Sie in einer solchen offenen und mutigen Weise sich mit Ihrem Problem an die WDR-Redaktion gewendet haben. Dies zeigt, wie sehr Sie unter Ihren Schwierigkeiten leiden und in welch verzweifelter Lage Sie sich befinden.

Sie sprechen in Ihrem Brief von einem inneren Zwang, sich und Ihren Körper in der Öffentlichkeit zur Schau zu stellen. Dies beinhaltet, daß Sie von dieser Neigung keinen Abstand gewinnen können und Ihr Leben von diesem Zwang beständig eingeschränkt wird. Unter dieser Einschränkung Ihrer persönlichen Freiheit, deren Ursache Ihnen offenbar nur sehr vage bewußt zu sein scheint, leiden Sie ganz erheblich. Sie spüren, daß irgend etwas Dranghaftes in Ihnen nach Ausdruck verlangt, nämlich gezeigt werden möchte, und Sie spüren die Negativreaktionen Ihrer Umwelt und Ihrer Mitmenschen, die Sie als Kranken und 'schlechten Menschen' abstempeln.

Aus der Ferne kommt es mir so vor, als ob Sie dranghaft immer wieder neu das in Ihrem Brief geschilderte Beziehungsgeschehen zwischen Ihrer Mutter und Ihnen öffentlich darstellen müssen. Auch Ihre Mutter reagierte auf Ihre ganz natürlichen Entwicklungsvorgänge in Ihrer frühen Kindheit mit Entsetzen. Sie hatte keinerlei Verständnis dafür, ja, Sie sind sogar geschlagen worden, für die natürlichsten Dinge der Welt. Wie auf einer Bühne, so erscheint es mir, inszenieren Sie diesen Vorgang, diese Form der Diskriminierung bis heute immer wieder neu. Jetzt ist es nicht mehr Ihre Mutter, die sich schamverletzt abwendet und Sie bestraft, jetzt ist es viel genereller geworden, es sind Ihre Mitmenschen, die nächsten

Verwandten, Bekannten und vielleicht auch Freunde, die Ihnen sagen, daß Ihre Impulse schlecht, minderwertig und abscheulich sind.

Mir erscheint, als ob dieses Drama kein Ende finden kann, weil Sie nach wie vor innerlich auf der Suche nach einer liebevollen Anerkennung und zärtlichen Fürsorge sind, die Ihnen von Ihrer herrischen Mutter vorenthalten wurde. Doch keiner versteht diese Sehnsucht, und keiner scheint Ihnen bei der Lösung dieses schwierigen Problems wirklich helfen zu wollen.

Ich bin jedoch ganz sicher, daß Sie diese Schwierigkeit nur dann überwinden können, wenn Sie sich einer wirklich lang andauernden intensiven psychotherapeutischen Behandlung unterziehen. Nur eine langandauernde intensive Psychotherapie verspricht einen guten Erfolg, weil nur so der riesige Vertrauensverlust und die große Sehnsucht, die in Ihnen schlummert, verstanden werden kann und Sie genügend Vertrauen fassen können, sich als erwachsener Mensch jemandem anzuvertrauen.

Eine Therapie ist auch immer ein ‘sich-zeigen’, doch nicht in einer exhibitionistischen Weise, also in einer Weise, wo garantiert ist, daß keine Beziehung entsteht, sondern in einer Weise, in der die Möglichkeit einer Beziehung zu einem Therapeuten oder einer Therapeutin riskiert wird. Ich würde Ihnen daher dringend empfehlen, sich bei Ihrer Krankenkasse ein Adressenverzeichnis von nichtärztlichen oder ärztlichen psychoanalytisch orientierten Psychotherapeuten zusenden zu lassen und zu diesen Menschen Kontakt aufzunehmen mit dem Ziel, jemanden zu finden, der bereit ist, mit Ihnen einen solchen Weg zu gehen...“

Durch den Hinweis in einer Krankenkassenbroschüre erfuhr ich, daß, wenn bestimmte Voraussetzungen erfüllt sind, die Therapiekosten von der Krankenkasse übernommen werden können. Zu den Bedingungen gehört, daß der behandelnde Arzt Allgemeinmediziner und Psychotherapeut sein muß. Ich konnte eine Praxis ausfindig machen, die den Erfordernissen entsprach. Dort trug ich mein Anliegen vor mit dem Ergebnis, mich zum ersten Mal einer Therapie unterziehen zu können. Die Krankenkasse machte zwar

Schwierigkeiten bei der Übernahme der Kosten, doch der Arzt sah mein Problem als behandlungswürdig und die Therapie als notwendig an und ließ mich über einen längeren Zeitraum an einer Gruppentherapie teilnehmen. Es war für mich die erste Möglichkeit, nach vielen, vielen Jahren über mich selbst etwas zu erfahren. Ich machte die ersten Versuche, über mein Verhalten nachzudenken, es zu durchleuchten und zu begründen.

Doch auch in dieser Gruppe, geleitet vom Therapeuten, fiel es mir schwer, mich zu offenbaren. Es war mir unmöglich, die Schamschwelle zu überschreiten und den Gruppenmitgliedern, deren seelische Leiden aus verschiedenen Bereichen kamen, zu sagen: „Ich leide unter dem Zwang, mich vor mir völlig unbekannten Frauen schamverletzend zu zeigen." Mein Zwang zu exhibieren blieb bestehen. Meine Privatsituation - eine Ehekrise - spielte dabei eine wichtige Rolle. Sie trug zum massiveren Exhibieren bei.

In der Zwischenzeit erfuhr ich von einer sehr bekannten Universitätsklinik mit einer psychosomatischen Abteilung, bei der eine stationäre Behandlung für mich möglich sei. Nach einigen Vorgesprächen bekam ich die Überweisung meines Arztes und konnte mich einer fast neunmonatigen stationären Behandlung unterziehen.

Ich genoß eine bisher nie gekannte Versorgung - körperlich wie auch seelisch. Sie bestand in Einzel- und Gruppentherapie, Bewegungs-, Entspannungs- und Musiktherapie sowie täglichen Gesprächen mit Schwestern und Ärzten. Dazu kam der sich ergebende nahe Kontakt mit den anderen Patientinnen und Patienten.

Erfahrungen mit meiner Problematik lagen aber auch hier nicht vor, es war Neuland für die Klinik. Die übrigen Patienten litten unter den verschiedensten seelischen Krankheiten und Zwängen. Exhibitionisten oder Personen, die unter ähnlichen Zwängen litten, waren nicht dabei. So war es für mich immer noch nicht möglich, mit anderen Patienten über mein Problem zu sprechen. Selbst gegenüber den Therapeuten und Schwestern blieb eine gewisse Scheu bestehen. Die Möglichkeit, frei und offen meine intimsten Gefühle auszubreiten, hielt sich in Grenzen. Als ich während der Therapie rückfällig wurde und es in der Gruppe zur Sprache kam, bin ich vor Scham weggelaufen. Es waren schreckliche Stunden für mich. Doch zu meiner Verwunderung wurde ich nicht abgelehnt, sondern bekam Zuwendung, eine Erfahrung, die mir Mut und Hoffnung gab.

Nach meiner Entlassung war ich wesentlich freier und lokkerer. Anstatt zu verdrängen wie in all den Jahren zuvor, war es mir nun möglich, mich mit meinem Verhalten auseinanderzusetzen. Der Wunsch, mich einer Gruppe anzuschließen, in der nur Betroffene zusammenkommen würden, verstärkte sich, zumal mittlerweile Selbsthilfegruppen für die unterschiedlichsten Krankheiten und Probleme entstanden und von der Öffentlichkeit anerkannt und unterstützt wurden.

Meine Nachforschungen zeigten, daß es zwar viele Exhibitionisten gibt, doch in ganz Deutschland noch keine Selbsthilfegruppe. Das wunderte mich nicht, denn ich erlebte ja ständig, wie dieses Tabuthema behandelt wird. Wenn die Gesellschaft jahrelang ein Verhalten fast nur von der kriminellen Seite betrachtet, fällt es ihr schwer, plötzlich darin eine seelische Störung zu sehen, für die Hilfsangebote nötig sind.

So entschloß ich mich, selbst eine Gruppe zu gründen. Wegen der bekannten Scheu der Betroffenen waren ein neutraler Raum und eine außenstehende Kontaktperson Voraussetzung, denn unbedingte Anonymität mußte gewährleistet sein. Erneut wandte ich mich an das Gesundheitsamt. Die Leiterin des Sozialpsychiatrischen Dienstes erkannte, wie zweckdienlich mein Anliegen war, und stellte außer einem Raum auch einen Sozialarbeiter zur Verfügung. Dieser nahm sich der Sache an, indem er unter anderem per Telefon Betroffene informierte und an den jeweiligen Gruppenabenden auch zugegen war. Durch regelmäßige Anzeigen machte ich auf die Gruppe aufmerksam. Der Text lautete:

„Selbsthilfegruppe: Gesprächskreis für Exhibitionisten, absolut anonym, Zuschriften unter Chiffre..."

In den Anzeigenabteilungen kostete es mich viel Überredungskunst, diesen Text zu veröffentlichen, denn ich stieß jedesmal auf Mißtrauen. Von den vielen Zuschriften, die kamen, hatten fast alle eines gemeinsam: keine Adressenangabe. Die Antwort oder Information wurde postlagernd erwartet. Mein Name und meine Anschrift mußten natürlich auch anonym bleiben, und so teilte ich als Information bezüglich der Gruppe nur die Telefonnummer des Sozialarbeiters mit, der bei Nachfragen Auskunft erteilte, wie, wo und wann wir uns träfen.

Im März 1988 war es zum ersten Mal soweit. Die Gruppe wuchs von Monat zu Monat. Doch nur wenige, die sich erkundigten, hatten auch den Mut, tatsächlich zu erscheinen. Einige kamen nur einmal, für andere war es durch vielerlei Umstände schwierig, regelmäßig anwesend zu sein; doch es bildete sich ein kleiner Stamm. Einige erhofften oder versuchten, ihre Abartigkeit bei uns ausleben zu können. Von diesen nahmen wir schnellstens Abstand. Damit wir nicht als Vereinigung von Kriminellen in Verruf kamen, wandten wir uns an die Presse und anderen Medien, um durch Aufklärung auf die Problematik hinzuweisen. Ich legte Wert darauf, daß die Gruppe als seriöse Einrichtung bekannt wurde, die zum Ziel hat, daß sich Betroffene ihrem Fehlverhalten stellen und lernen, mit ihrer Andersartigkeit gesellschaftsverträglich umzugehen, damit sie in Zukunft möglichst straffrei bleiben. Ein Ziel war aber auch, Betroffenen überhaupt erst mal die

Möglichkeit zu verschaffen, über das in der Gesellschaft so verachtete Verhalten reden können. Für die meisten ergab sich hier die erste Gelegenheit, frei zu sprechen. Im Kreis Betroffener fällt es wesentlich leichter, die sonst unüberwindliche Scheu abzulegen.

Leider erkrankte nach etwa achtzehn Monaten unser Sozialarbeiter so schwer, daß er uns nicht mehr zur Verfügung stehen konnte. Da er die einzige Vertrauensperson war, die die Kontakte vermittelte, brach zunächst die Gruppe auseinander. Wir hatten gegenseitig weder Adressen ausgetauscht, noch kannten wir unsere Nachnamen, und der Vorname brauchte auch nicht zutreffend zu sein, so daß wirklich eine absolute Anonymität gewährleistet war. Die größte Angst eines Betroffenen, wenn er das erste Mal zur Gruppe kam, war, daß ihn jemand erkannte.

Ich wollte das Begonnene nicht einfach aufgeben, denn immer neue Zuschriften - wie die folgende - zeigten, wie wichtig unsere Anlaufstelle war.

„Im kommenden Monat habe ich meine zweite Gerichtsverhandlung wegen exhibitionistischen Verhaltens. Diese Neigung habe ich im Normalzustand immer bereut und verurteilt. Auch habe ich vor der ersten Anzeige versucht, eine Therapie auf eigene Faust anzufangen, leider ohne Erfolg.

Ich wollte von Ihnen erfragen, ob es im Rhein-Main-Gebiet einen Therapeuten gibt, der speziell auf diesem Gebiet eindeutige Erfahrung hat, oder ob Sie von der Existenz einer Selbsthilfegruppe in diesem Gebiet wissen. Ich bin nicht vermögend, alleinstehend; für mich bricht die Welt, in der ich bis jetzt gelebt habe, restlos zusammen, sollte ich einsitzen müssen. Vielleicht können Sie mir einige Verhaltensregeln oder Richtlinien vermitteln. Vorab für Ihre Bemühungen herzlichsten Dank."

Um die Arbeit fortzuführen, mußte ein neuer Anfang gemacht werden. Die Leiterin des Sozialpsychiatrischen Dienstes des Gesundheitsamtes - obwohl sehr überlastet -

erklärte sich bereit, die Gruppe zu unterstützen und an den jeweiligen Gruppenabenden teilzunehmen. Ihre psychologischen Kenntnisse kamen uns zugute.

Anzeigen waren wieder erforderlich und die Bereitschaft der Medien, den Aufbau und die Existenz der Gruppe zu unterstützen. Wie nicht anders zu erwarten, stieß ich auf Absagen, Ablehnung und Ahnungslosigkeit. Nur wenige Medien zeigten sich bereit, das Thema aufzugreifen und aus der Sicht der Betroffenen zu berichten. Das lag sicher daran, daß jahrzehntelang das Thema tabuisiert und kriminalisiert worden war und daher nicht in kurzer Zeit das bestehende Klischee abgelegt werden konnte.

Die Scheu, die bei den Medien zu verspüren ist, trifft auch auf die Betroffenen zu. Von zwanzig Briefeschreibern oder dreißig Anrufern traute sich höchstens einer, die Schwelle zur Gruppe zu überschreiten. Große Zustimmung fand diese Anlaufstation bei fast allen. Der Entschluß aber, zu kommen und auch regelmäßig teilzunehmen, fällt den meisten schwer. Wie hoch die Hemmschwelle ist, möge der Auszug aus einem Brief belegen, den unsere Gruppe von einem Betroffenen erhielt:

„...Ich bin Berufskraftfahrer im Güterfernverkehr und schreibe von unterwegs aus. Ich werde versuchen, vom nächsten Postamt aus diesen Brief abzuschicken. Vielleicht kann ich es auch einrichten, daß Eure Antwort dort 'postlagernd' von mir abgeholt wird..."

Doch nach achtjährigem Bestehen der Gruppe ist Erfreuliches festzustellen. So wird die Gruppe mittlerweile positiv in Dortmund wahrgenommen. Polizei und Richter vermitteln Betroffene, und die Presse hat die Notwendigkeit erkannt, durch Information zur Aufklärung beizutragen. Zudem werden wir von der KISS (Kontakt- und Informationsstelle für Selbsthilfegruppen) wohlwollend unterstützt, indem sie unter anderem für uns Anzeigen aufgibt und Betroffene vermittelt.

Dadurch stehen uns jetzt zwei Kontakt- und Vermittlungsstellen zur Verfügung.

Bisher lernte ich über siebzig Betroffene aus allen Gesellschaftsschichten kennen. Selbst ein ehemaliger Staatsanwalt war darunter. Eine Mutter brachte ihren zwanzigjährigen Sohn im Auto vorbei und achtete darauf, daß er auch ja zu uns hineinging.

Aus Wiesbaden besuchte uns ein Betroffener und bedauerte, daß in seiner Nähe keine Gruppe besteht. Selbst eine solche Gruppe zu gründen, traute er sich jedoch nicht.

Viel Aufklärungsarbeit ist noch erforderlich, und es wäre wünschenswert, daß weitere Gruppen entstehen. Nur in Utrecht (Holland) und Kopenhagen (Dänemark) sind mir andere Selbsthilfegruppen bekannt.

Durch solche Gruppen könnte die noch bestehende Verachtung gegenüber den Exhibitionisten in der Gesellschaft abgebaut, die zu keiner Besserung führende Kriminalisierung fallen gelassen und der Forderung mehr Nachdruck verliehen werden: Hilfe statt Strafe!

♦ ♦ ♦

Wie schwierig es durch die Strafandrohung ist, aus der Anonymität heraus zu versuchen, eine weitere Selbsthilfegruppe zu gründen, sollen Abschnitte aus dem Brief eines Betroffenen an die KISS in Hannover aufzeigen:

„...Als Betroffener lernte ich im April dieses Jahres Teilnehmer einer in Dortmund existierenden Gruppe kennen, deren persönliches Schicksal mich sehr bewegte.

Die dortigen Erfahrungen machen deutlich, daß Selbsthilfegruppen für Exhibitionisten unerläßlich sind... Um Betroffenen auch in anderen Ländern - hier: Niedersachsen - helfen zu können, wäre die Gründung einer Selbsthilfegruppe vor Ort empfehlenswert, soweit eine solche noch nicht existent ist. Bitte, teilen Sie mir mit, wie ich diese hilfreiche Einrichtung ins Leben rufen kann, wer mich dabei gegebenenfalls unterstützt. Ich wäre darüber hinaus sehr dankbar, wenn Sie meine Absenderangabe vertraulich behandeln, dieses Schreiben nicht an andere Stellen weiterreichen..."

In dem Schreiben an unsere Gruppe, in dem der Mann über seinen Selbsthilfegruppen-Gründungsversuch berichtet, kommen seine Befürchtungen zum Ausdruck:

„...Bei dem Versuch blieb mir nun leider keine andere Wahl, als meinen richtigen Namen und die Adresse anzugeben. Können mir hieraus eventuell Nachteile entstehen, denn immerhin habe ich mich damit als Exhibitionist zu erkennen gegeben bzw. geoutet? Sind hiermit meine persönlichen Daten gespeichert, hat man diese möglicherweise der Justiz übermittelt für den Fall, daß ein Exhibitionist irgendwo mal sein Unwesen treibt?..."

Mehr Selbsthilfegruppen, in denen gesprächsbereite Menschen zur Verfügung ständen, würden mehr Hilfe für Betroffene bedeuten. Daß Exhibitionisten ein offenes Gespräch zu schätzen wissen, mag ein weiterer Briefauszug belegen:

„...Er blieb neben seinem Fahrrad unerwartet stehen, schaute mich fragend an und sagte plötzlich: 'Komm, laß den Scheiß!' Mein Gegenüber, etwa dreißig Jahre alt, mußte schon einmal mit dem Thema Exhibitionismus konfrontiert worden sein. Es schien, als wolle er positiv auf mich einreden, mit mir über meine Veranlagung diskutieren, was aber wegen einer herannahenden Gruppe leider vereitelt wurde."

In unserer Gesellschaft heißt es verhältnismäßig schnell, daß jeder Mensch seine Macke hat. Doch ist dies oft nur ein Lippenbekenntnis. Erkennt und gesteht jemand seine Macke und möchte etwas dagegen tun, beispielsweise in Form von Therapie, muß er befürchten, als Verrückter angesehen zu werden. Einem Mann wird zudem noch weniger eine Schwäche oder ein Versagen zugestanden als einer Frau. Die Angst vor dem Ruf, nicht 'normal' zu sein, in die

Klapsmühle zu gehören, veranlaßt zum Schweigen, zum Verdrängen. Die Macke „Exhibitionist" - obwohl harmlos, weil sie bei entsprechender Aufklärung niemand einen Schaden zufügt - wird stark dramatisiert; die Kriminalisierung bewirkt ein übriges. Körperliche Gebrechen werden allgemein akzeptiert, warum nicht auch seelische?

Ob je erforscht werden kann, was letztlich zur exhibitionistischen Neigung führt, ist derzeit nicht zu beantworten. Alles, was angeführt werden kann, ist Spekulation, ähnlich wie bei der Homosexualität. Gelegentlich der Befragung von etwa 40 Exhibitionisten nach ihrem Verhältnis zu ihren Eltern wurden Aussagen gemacht, die bei Personen, die keine Exhibitionisten sind, nicht anders ausfallen. Um ein genaueres Bild über Exhibitionismus zu bekommen, wünschte ich mir, daß mehr Männer und Frauen über ihre exhibistischen Neigungen und Erfahrungen berichten würden - auch wenn sie noch nicht mit dem Gesetz oder dem sozialen Umfeld in Konflikt geraten sind.

Als Beispiel sei ein Fragebogen mitgeteilt, in dem zwanzig Betroffene anonym folgende Antworten eintrugen:

	ja	nein	unentschieden
Bist Du fähig, mit einem/einer Partner/in Geschlechtsverkehr durchzuführen?	20	-	-
Exhibierst Du häufiger, als Du Verkehr mit einem/einer Partner/in hast?	6	11	3
Würdest Du Verkehr mit einem/ einer Partner/in vorziehen, statt zu exhibieren?	11	7	2
Würdest Du lieber mit der Person sexuell verkehren, vor der Du (nur) exhibierst?	10	8	2

Was leistet unsere Selbsthilfegruppe?

Unsere Selbsthilfegruppe versteht sich als Gesprächskreis für Betroffene, in dem diese unter Wahrung der Anonymität - oft erstmals - frei über sich und ihre Probleme sprechen können, unter anderem über ihre Schwierigkeiten mit der Polizei, der Justiz, dem sozialen Umfeld, der Durchführung von Therapien. Wir sprechen über Auswirkungen unserer exhibitionistischen Neigungen in der Familie und im Beruf, über unser Verhältnis als Kind zu den Eltern, über Partnerschaft (Sexualität in der Partnerschaft).

Wir fragen uns: Vor wem zeige ich mich? Worin besteht der Reiz des sich-Zeigens? Wie reagieren BetrachterInnen auf die Zurschaustellung?

Wir bestimmen unsere Ziele: nicht mehr verdrängen, sondern uns zu unserem Bedürfnis bekennen und bejahen, Exhibitionist zu sein, damit wir verantwortungsbewußter mit unserer Neigung leben können - beispielsweise durch Ersatzmöglichkeiten - und dadurch möglichst straffrei bleiben.

Wir fragen uns aber auch: Wie werden bedrohliche Situationen für BetrachterInnen vermieden? Daß wir auf Angriffslust und Gewalttätigkeit verzichten, ist selbstverständlich. Das nicht-Hinsehenwollen der BetrachterInnen versuchen wir gelten zu lassen.

Wir erörtern die Einstellung der Öffentlichkeit zu uns, vor allem der Medien. Auch leisten wir selbst Öffentlichkeitsarbeit zur Beseitigung von Vorurteilen. Wir bemühen uns, der Öffentlichkeit bewußt zu machen, daß Strafen sinnlos sind und Betroffene dadurch nur ins soziale Elend gestürzt werden.

Entkriminalisierung des Exhibitionismus ist eins unserer besonders wichtigen Ziele. (Durch die Aufklärungsarbeit der Gruppe sind die Anzeigen in Dortmund erheblich zurückgegangen.)

Jeder Betroffene wird als vollwertiger Mensch angenommen und kann seine Gefühle, Ängste, Wünsche und Fragen einbringen. Wir können niemanden therapieren, doch uns gegenseitig unterstützen und aufbauen - das Selbstwertgefühl stabilisieren.

♦ ♦ ♦

Manches gehen wir ganz praktisch an. So wurde in den Diskussionen unserer Selbsthilfegruppe immer wieder einmal die Frage aufgeworfen, wie Experten über Exhibitionisten urteilen. Als eines Tages eine Frau den Gedanken äußerte, welche Ansichten wohl 'Ratgeber' in Zeitschriften vertreten würden, wenn ein junges Mädchen bei ihnen anfrage, wie sie sich einem Exhibitionisten gegenüber verhalten solle, griff eine der Teilnehmerinnen den Gedanken auf und schlug vor, einen entsprechenden 'Leserbrief' an verschiedene Zeitschriften zu senden.

Wir setzten ein Schreiben auf, in dem eine siebzehnjährige Auszubildende eine En-passant-Begegnung mit einem Exhibitionisten schildert: Sie reagiert nicht, geht einfach weiter. Im Nachhinein, durch unterschiedliche Meinungen ihrer Bekannten unsicher geworden, fragt sie sich, ob ihr Verhalten richtig war.

- Hätte sie Anzeige erstatten sollen?
- Wie gefährlich sind solche Männer?
- Und warum machen sie so etwas?

Die Antworten, die wir von den einzelnen Zeitschriften erhielten, sind auf den folgenden Seiten abgedruckt.

AXEL SPRINGER VERLAG

Bild woche

Axel Springer Verlag AG · Postfach 304630 · 2000 Hamburg 36

Fräulein

02.03.89

Liebe

vielen Dank für Ihren Brief.

Sie sind zufällig einem Mann begegnet, der offenbar seelisch gestört war. So, wie Sie sein Verhalten beschreiben, handelt es sich wahrscheinlich um einen Exhibitionisten. Exhibitionisten sind Menschen, die massiv kontaktgehemmt sind. Geht man aber während "Ihrer"Auftritte" auf sie zu, laufen Sie fort und greifen nicht an. Ich bin kein Jurist, aber so weit informiert, daß, wenn man von einem strafrechtlichen Tatbestand sprechen will, es alleine um das Erregen öffentlichen Ärgernisses geht.
Sie sehen, diese Menschen sind nicht aggressiv und werden nicht tätlich. Ob Sie ihn hätten anzeigen sollen, lag darum in erster Linie am Grad des sich gestört fühlens durch sein Handeln! Menschen (vornehmlich Männer), die auf diese Weise auffällig werden, sind aufgrund Ihrer persönlichen Lebensgeschichte "in ihrer Kindheit" durch eine Störung geprägt worden, die es Ihnen im Erwachsenenalter kaum möglich macht, eine normale Sexualität zu leben.

Ich hoffe, Ihnen damit die Frage beantwortet zu haben und grüße Sie herzlich!

Ihr

Stein
Diplom-Psychologe

Axel Springer Verlag AG, Kaiser-Wilhelm-Straße 6, 2000 Hamburg 36, Telefon (040) 347-1, Telex 2 170 010
Konten: Vereins- und Westbank AG Hamburg, 4/02032 (BLZ 200 300 00), Postgirokonto Hamburg 3264-204 (BLZ 200 100 20)
Ehrenvorsitzender: Dr. h.c. Axel Springer †, Vorsitzender des Aufsichtsrats: Prof. Dr. Bernhard Servatius, Vorstand: Peter Tamm (Vorsitzender), Günter Prinz (stellv. Vorsitzender), Christian Herfurth, Dr. Horst Keiser, Günther Klenke, Dr. Claus Liesner, Hans-Joachim Marx, Hans-Peter Scherrer, Ehrhard van Straaten (stellv. Vorstandsmitglied); Sitz Berlin, Amtsgericht Charlottenburg HRB 4998

3 9143 2041 H 271011 50 9 86

die zwei

Aktuelle Illustrierte und Fernsehzeitschrift in einem

Gong Verlag GmbH, Nordendstraße 64, 8000 München 40

Fräulein

Redaktion
Nordendstraße 64
8000 München 40
Telefon (089) 27270-0
Telex 529325

Unser Zeichen:
Durchwahl:

Liebe

Schamverletzer sind meist harmlose, verklemmte Männer, die einer Frau nicht wirklich etwa zuleide tun. Ich finde, je weniger eine Frau davon Notiz nimmt, desto eher lassen die Leute diesen Unsinn bleiben. Natürlich hättest Du Anzeige erstatten können, wegen Beleidigung zum Beispiel. Aber kann ein modernes junges Mädchen durch diesen halbnackten Mann wirklich beleidigt werden?

Mit freundlichen Grüßen

Renate

Prof. Dr. Ernest Borneman · A-4612 Scharten

NEUE ILLUSTRIERTE REVUE

Sonderredaktion
Prof. Dr. Ernest Borneman
Ehrenvorsitzender
der Deutschen Gesellschaft
für sozialwissenschaftliche
Sexualforschung e.V.
Ehrenvorsitzender
der Österreichischen
Gesellschaft für
Sexualforschung e.V.

Frau

Sehr geehrte Frau

20.1.1989

die Polizei hätte wahrscheinlich geraten, den Exhibitionisten anzuzeigen. Aber da Exhibitionisten völlig harmlos sind, niemals vergewaltigen und auch nicht therapiert werden können, vermag ich den Sinn einer Anzeige nicht zu sehen. Sie haben nach meinen Ansichten also sinnvoll und vernünftig gehandelt.

In der Frauenbewegung herrscht natürlich die Ansicht, daß bereits der aufgezwungene Anblick des männlichen Gliedes eine Art Vergewaltigung sei, und im rein abstrakten Sinne haben sie mit dieser Logik aber auch recht. Andererseits herrschte einst in der Frauenbewegung die Meinung, daß jede Form der Bestrafung sexueller Delikte ein Machtakt des Patriarchats gegen die Schwächeren, also die Frauen, sei. Ich teile diese Ansicht noch heute und bin felsenfest davon überzeugt, daß der männliche Gesetzgeber, wenn die Frauen ihn unterstützen, eines Tages damit reagieren wird, daß er den heute noch erlaubten Verkehr zwischen Frauen verbieten wird. Gibst du dem Gesetzgeber den kleinen Finger, so nimmt er die ganze Hand.

Ich bin also dafür, daß Exhibitionismus straffrei wird.

Mit allen erdenklichen guten Wünschen verbleibe ich

stets Ihr

Prof. Dr. Ernest Borneman

RNR 012

HÖRZU

Axel Springer Verlag AG · Postfach 30 46 30 · 2000 Hamburg 36 Redaktion Telefon-Durchwahl (0 40) 3 47

Die Frage lautete:
sollte man einen Exhibitionist (Schamverletzer)
anzeigen ?
Ich tat es nicht,war das richtig ?

Hamburg, 03. MÄRZ 1989
ti-l

Liebe

ich finde es gut, daß Sie nicht gleich Zeter und Mordio schreien, sondern ganz ruhig geblieben sind und darüber nachdenken, was einen Mann wohl dazu bringt.

Wirklich gefährliche Männer sind unter den Exhibitionisten so gut wie niemals. Es sind im Gegenteil Schüchterne, die Schwierigkeiten mit Frauen haben und deren Trieb sich nun auf diese Weise "Luft verschafft". Im Grunde verdienen sie mehr Mitleid als Strafe. Aber da natürlich durch ein solches Verhalten auch sensible Gemüter verschreckt werden können, muß man im Interesse des Anstandes und der öffentlichen Ordnung etwas dagegen tun. Aber Ihre Einstellung finde ich im Grunde besser. Ein Exhibitionist braucht eher Therapie als strafe. Dies wird heute auch angestrebt. Immer wenn sich die Sache wiederholt oder zu wiederholen droht, greift das Gesetz in seiner ganzen Härte zu und muß es dann wohl auch.

Mit freundlichen Grüßen
Ihre
Regine Busch
Dr. Regine Busch

Kaiser-Wilhelm-Straße 6 · 2000 Hamburg 36 · Telefon (0 40) 3 47-1 · Telefax (0 40) 3 47 26 28 · Telex 217 001 210 as d · Deutsche Bank AG, Hamburg, BLZ 200 700 00, Kto.-Nr. 0 702 407
Postgiroamt Hamburg, BLZ 200 100 20, Kto.-Nr. 1278 92-202 · Axel Springer Verlag AG · Ehrenvorsitzender: Dr. h. c. Axel Springer † · Vorsitzender des Aufsichtsrats: Prof. Dr. Bernhard Servatius
Vorstand: Peter Tamm (Vorsitzender) · Christian Herfurth · Dr. Horst Keiser · Günther Klenke · Dr. Claus Liesner · Hans-Joachim Marx · Hans-Peter Scherrer · Ehrhard van Straaten
Sitz Berlin · Amtsgericht Charlottenburg HRB 4998

3.91.41.2040 H 272 141 10 000 x 2 1.89 KD

Heinrich Bauer Spezialzeitschriften Verlag KG · Postfach 10 04 44 · 2000 Hamburg 1

auf einen Blick
Freizeit- und Fernseh-Illustrierte

Fräulein

Redaktion

Telefon-Durchwahl
040/30 19

Unser Zeichen Dr. Stu

Datum 2.5.90

Liebes Fräulein

hiermit bedanke ich mich für Ihren netten Brief und das Vertrauen, das Sie uns entgegenbringen. Gern will ich auf Ihre Fragen eingehen.

Ich kann sehr gut verstehen, daß Sie verwirrt waren, einen entkleideten Mann mittags in einer Einkaufspassage zu sehen. Sie sind mit dem Ereignis sehr gefaßt und erwachsen umgegangen und sind damit sich und diesem Mann gerecht geworden.

Ihre Gefühle veranlaßten Sie, das außergewöhnliche Verhalten des Mannes hinzunehmen und sich nicht darum zu kümmern. Das war richtig. Der Exhibitionist wollte durch seine Handlung, die den Rahmen des Üblichen sprengte und das Schamgefühl der Mitmenschen ansprechen sollte, die Passanten schockieren. Durch Ihr Desinteresse haben Sie ihm gezeigt, daß seine Provokation Sie nicht berührte und somit sinnlos war. Sie konnten dadurch zwar die Neigung dieses Menschen nicht beseitigen, aber vielleicht zu einer rückläufigen Tendenz des ausgelebten Bedürfnisses beitragen. Eine Anzeige hätte dem Herrn nicht weitergeholfen. Gefährlich sind solche Menschen nicht, man könnte sie eher einfach als verhaltensauffällig bezeichnen.

Mit freundlichen Grüßen
Ihre

i. A. Fröhlich

(Dr. Monica Sturm)

Redaktionsanschrift: Burchardstraße 11 · 2000 Hamburg 1 · Telefon 040/30 19-0 · Fax 040/32 69 22 · Telex 2 173 067 · Telegramme bauerverlag
Bankkonto: Commerzbank AG, Hamburg (BLZ 200 400 00) Kto. 13 85 400 · Postgirokonto: Hamburg (BLZ 200 100 20) Kto. 198 10-200

Eine weitere Frage, die in unserer Selbsthilfegruppe auftauchte, war die nach dem Wissensstand über Exhibitionismus in der Bevölkerung. Zusammen mit einer Sozialarbeiterin führten wir im April 1994 auf offener Straße in Dortmund eine Umfrage durch.

100 Befragte - 61 Frauen und 39 Männer - gaben folgende Antworten:

	Ja	Nein	keine Meinung
Sagt Ihnen das Wort Exhibitionismus etwas?	87	13	-
Halten Sie einen Exhibitionisten für gefährlich?	22	69	9
Würden Sie die Polizei rufen, wenn ein Mann sich entblößt zeigt?	26	74	-
Nach dem Strafgesetz (§ 183) werden nur Männer bestraft - finden Sie das in Ordnung?	4	95	1

Bei anschließenden eingehenderen Gesprächen mit Befragten merkten wir häufig große Unsicherheit, verursacht durch mangelhafte und diffuse Aufklärung über die Zeigesucht.

Eine niederländische Selbsthilfegruppe

Während in unserer Gruppe das Gespräch das Hauptanliegen bildet, geht man in der Selbsthilfegruppe in Utrecht gezielt auch 'praktische' Fragen an. Rebecca de Klerk, die für ihre Diplomarbeit[3] mit der Gruppe Kontakt aufnahm, berichtet in einer Zusammenfassung über ihre Eindrücke:

„Besucher der Selbsthilfegruppe treffen sich jeden ersten Freitagabend im Monat, um zunächst miteinander etwa eine Stunde lang ihre eventuellen gegenseitigen Probleme zu besprechen. Themen können sein:

- Soll ich es meinem Partner erzählen?
- Wie kann man Situationen schaffen, um den Zuschauer nicht zu erschrecken?
- Wie kann man positive Reaktionen beim Zuschauer erhalten?...

Die männlichen Teilnehmer der Selbsthilfegruppe versichern, daß sie durch Gespräche mit Frauen (Partnerinnen, Exhibitionistinnen, Zuschauerinnen) innerhalb der Gruppe lernen, sich bewußter zu werden, wie ihre Handlungen auf den Zuschauer wirken können."

Ähnliche Gespräche finden auch in unserer Gruppe statt. In unserem Nachbarland geht man aber noch einen Schritt weiter:

„...So werden auch positive Erfahrungen und Tips ausgetauscht (z.B. für günstige Plätze um zu exhibieren - Nacktstrand, Sauna, Sexkino, Treffpunkte von Homosexuellen, das Sexmuseum in Amsterdam...). Die Vielfalt der kreativen Einfälle ist schier unerschöpflich: Ein Ehepaar fährt mit dem eigenen Boot an Ufern entlang, wo sich potentielle Zuschauer finden. Sie liegt leicht be- oder entkleidet auf dem Deck. Er, nackt, wird - angeblich - hierdurch erregt, aber genießt inzwischen die neugierigen Blicke der Zuschauer... Ein Malermeister bietet seine Dienste an mit dem Hinweis, die Arbeit auch zu einem wesentlich günstigeren Tarif auszuführen, wenn er unter den Blicken der Hausfrau entblößt seiner Arbeit nachkommen kann."

---

[3] de Klerk, 1989

Wie weit bei einer liberaleren Einstellung zum Thema „Exhibitionismus“ gegangen werden kann, belegen die weiteren Ausführungen von Frau de Klerk:

„Nach dem für alle obligatorischen Teil des Abends, dem Gruppengespräch, folgt Entspannung. Man kann gemütlich plaudern, sich näher kennenlernen und eventuell die Gelegenheit wahrnehmen, an dem Spiel ‘sehen und gesehen werden’ teilzunehmen. Im Klartext - es kann exhibiert werden.“

♦ ♦ ♦

Daß auch Exhibitionisten bei uns versuchen, in sozialkonformer Weise ihre Sucht auszuleben, sollen Zitate aus einem Brief an unsere Selbsthilfegruppe zeigen:

„...Teilweise bin ich selbst betroffen von dieser Sucht, und auch daher sehr interessiert an diesem Thema. Sonst kann man sich ja mit niemandem darüber unterhalten. Meine Betroffenheit geht noch nicht so weit, daß ich mich an Ecken stelle und die Hose öffne. Ich gehe allerdings viel in die Sauna, ins Sonnenstudio oder an den FKK-Strand. Dort fällt es nicht so auf, wenn man sich zeigt.“

„...Ich richte es manchmal so ein, wenn Bekannte da sind, daß ich aus der Dusche komme, mich abtrockne und meine Frau etwas frage. Da ich dann immer sehr erschrocken umkehre, wenn ich die Bekannte sehe, fällt es nicht auf, daß es Absicht war. Im Gegenteil, meistens amüsieren sie sich dann beide. Wenn ich dann angezogen komme, mich entschuldige und sage: ‘Ich wußte nicht, daß du da bist’, kommt als Antwort: ‘Macht ja nichts.’ - ‘Ist doch nicht schlimm.’ - ‘Das ist meinem Mann zu Hause auch schon mal passiert’.“

‘Selbsthilfe’, wie sie nicht sein soll

Auch ein Exhibitionist kann mitunter einen Schamverletzer als lästig und unangenehm empfinden, wie ein eigenes Erlebnis veranschaulichen soll:

Bei einem verlängerten Wochenende mit meiner Frau in unserem Nachbarland verabredete ich mich mit einem mir aus einer niederländischen Selbsthilfegruppe bekannten Exhibitionisten. Er legte großen Wert darauf, daß das Treffen in seiner Wohnung stattfand und daß meine Frau dabei war. Da er mit seiner Lebenspartnerin zusammenwohnt, dachte ich, er strebe ebenfalls ein lockeres freundschaftliches Gespräch - eine Art Erfahrungsaustausch zu viert - an.

Pünktlich zur verabredeten Zeit klingelten wir an der Wohnungstür. Es summte, und wir betraten die Wohnung. Aus dem Badezimmer blickte uns unser Bekannter entgegen und sagte, er dusche eben noch, wir sollten schon mal im Wohnzimmer platznehmen. Von seiner Lebenspartnerin war nichts zu sehen oder zu hören. Die ganze Situation war für uns sehr merkwürdig.

Wir setzten uns, begleitet von einer schweren Musik, die aus den Lautsprechern seiner Musikanlage kam.

Nach einer Weile - es wurde uns schon langsam unbehaglich - kam er plötzlich splitternackt, frisch geduscht und eingeölt aus dem Badezimmer auf uns zu, um uns zu begrüßen.

Meine Frau war geschockt und ich natürlich auch ganz schön irritiert. Wir gaben ihm zu verstehen, daß wir seine Begrüßung nicht gut fänden und nach kurzem Wortwechsel wies er uns aus der Wohnung. Er war beleidigt, denn statt Bewunderung bekam er eine Abfuhr.

Was er letztlich mit seinem Auftritt bezwecken wollte, konnten wir uns nur denken. Zurschaustellung gibt es nun mal in vielen Formen und Varianten. Vielleicht dachte er, daß gerade wir Verständnis für seinen Auftritt zeigen müßten. Doch für uns war es eine Überrumpelung und eine Respektlosigkeit, wie wir ihm zu verstehen gaben.

Wäre ich alleine gewesen, hätte mich seine Art von Begrüßung nicht gestört. Wahrscheinlich hätte er auch gerade zu diesem Zeitpunkt nicht geduscht. Auch wenn seine Lebenspartnerin anwesend gewesen wäre, wäre es sicherlich nicht so verlaufen.

Es war eine enttäuschende Erfahrung; das heißt aber nicht, daß alle Exhibitionisten jede sich bietende Situation nutzen, um ihre Zeigelust auszuleben.

Ist der § 183 des StGB noch zeitgemäß?

Der Paragraph 183 des Strafgesetzbuches verstößt eindeutig gegen die Gleichstellung von Mann und Frau - Artikel 3 Absatz 2 des Grundgesetzes -, denn sein erster Abschnitt lautet:

> (1) Ein Mann, der eine andere Person durch eine exhibitionistische Handlung belästigt, wird mit Freiheitsstrafe bis zu einem Jahr oder mit Geldstrafe bestraft.

Das war nicht immer so. Bis zur Strafrechtsreform 1973 lautete der § 183 [Erregung öffentlichen Ärgernisses]:

> (1) Wer durch eine unzüchtige Handlung öffentlich ein Ärgernis gibt, wird mit Gefängnis bis zu zwei Jahren oder mit Geldstrafe bestraft.
>
> (2) Neben der Gefängnisstrafe kann auf Verlust der bürgerlichen Ehrenrechte erkannt werden.

Die „Erregung öffentlichen Ärgernisses“ betraf Männer und Frauen. Heute beträgt die Freiheitsstrafe für eine „exhibitionistische Handlung“ zwar nur noch ein Jahr, dafür reicht aber, daß die Person durch einen Mann 'belästigt' wird.

Wenn der Gesetzgeber sich darauf beschränkt, durch den Paragraphen 183 nur Männer zu bestrafen, drückt sich darin auch eine immer noch herrschende Ansicht aus, Frauen in ihrer Sexualität nicht ernst zu nehmen. Entblößte Frauen können nicht gefährlich sein. Sie dürfen sich zeigen, nicht als Privileg, sondern weil mann es gern sieht. Gesellschaft, Mode und Medien fordern Frauen zur 'Offenherzigkeit' auf. Folgen sie dem Leitbild, lassen sie ihrer Zeigelust freien Lauf, dann stehen sie oftmals unerwartet verständnislos reagierenden Busengrapschern und Potätschlern gegenüber.

In den Überlegungen zur Strafrechtsreform von 1973 ist - den Paragraphen 183 betreffend - unter anderem folgendes zu lesen: „Exhibitionistische Handlungen sind in der Regel keine schweren Taten. Die Personen, denen der Exhibitionist gegenübertritt, werden meist belästigt, aber nicht nachhaltig geschädigt. In der Mehrzahl der Fälle wahrt der Exhibitionist eine charakteristische Distanz zu seinem Gegenüber. Psychische Schockwirkungen bei den betroffenen Frauen könnten vermieden werden, wenn diese Tatsache bekannter werden würde als bisher."

Soweit war der Gesetzgeber schon vor über zwanzig Jahren. Was ist seither getan worden, die Harmlosigkeit exhibitionistischer Handlungen in der Bevölkerung, bei der Polizei, bei Richtern und Staatsanwälten bekannter zu machen?

Gerade weil exhibitionistische Handlungen immer noch als Straftatbestand gelten, werden sie weiter unter die sexuellen Vergehen gezählt und in den Medien auf verantwortungslose Weise mit schweren Sexualstraftaten auf eine Ebene gestellt.

Ich gebe im folgenden - unkommentiert, da die Beispiele für sich sprechen - einige Zeitungsüberschriften der letzten Jahre wieder:

- Sexgangster belästigte drei Mädchen.
- Sexstrolch saß nackt auf einer Bank.
- Frau belästigt: Helikopter kreist.
- Frecher Exhibitionist von Polizei gesucht.
- Hubschrauber jagt Schamverletzer.
- Neunmonatige Haftstrafe für Exhibitionisten.
- Helikopterbesatzung spürt Exhibitionisten auf: Arm des Gesetzes traf Adam vom Himmel hoch.

In diesen zitierten Fällen ging es um Exhibitionismus, also um nichts Schlimmeres als eine Zurschaustellung ohne jede körperliche Berührung.

Bei den nächsten beiden Schlagzeilen wird deutlich, daß das Wort Exhibitionist bei der Fahndung nach Gewalttätern oft in fahrlässiger Weise benutzt und leichtfertig mißbraucht wird.

- Sex, Gewalt - Täglich 100 Frauen vergewaltigt - Überall Exhibitionisten.
- Sandra (13) mit Holzknüppel erschlagen - Polizei sucht Exhibitionisten.

Bewußt werden hier Gruseleffekte erzielt, die sich gut verkaufen lassen.

♦ ♦ ♦

Schon seit Jahren ist unter Sexualwissenschaftlern und Juristen bekannt, daß Inhaftierungen nicht den gewünschten Erfolg haben, nämlich ein Unterbinden des exhibitionisten Verhaltens. Im Gegenteil, durch eine Strafe, insbesondere durch eine Inhaftierung kann die Problematik verschärft werden und eine höhere Rückfallquote entstehen.

♦ ♦ ♦

Im Mai 1993 habe ich mich an das Justizministerium gewandt und auf die Ungleichbehandlung im Gesetz hingewiesen. Ferner habe ich ausführlich dargelegt, daß und warum der Paragraph 183 nicht die gewünschte Wirkung hat, sondern bei Betroffenen eine Problembearbeitung be- und verhindert. Darüber hinaus habe ich die fehlenden Therapiemöglichkeiten angeführt. Die Antwort des Justizministeriums ist auf den nächsten beiden Seiten abgedruckt.

Bundesministerium der Justiz

Geschäftszeichen: II A 2 - 4044 II - 1 - 23 0553/93
(bei Antwort bitte angeben)

5300 Bonn 2, den 28. Mai 1993
Heinemannstraße 6, Postfach 20 03 65
Telefon: (02 28) 58-0
bei Durchwahl 58 42 07
Teletex: 22 85 06
Telefax: (02 28) 58 - 45 25

Achtung! Neue Postleitzahlen ab 1. Juli 1993
Hausadresse
Bundesministerium der Justiz
Heinemannstraße 6
53175 Bonn

Postanschrift
Bundesministerium der Justiz
53170 Bonn

Herrn
Alfred E s s e r
Leuthardstraße 6

4600 Dortmund 1

Sehr geehrter Herr Esser,

für Ihr Schreiben vom 12. Mai 1993, in dem Sie sich kritisch mit der Strafvorschrift des § 183 StGB auseinandersetzen, danke ich Ihnen. Frau Bundesministerin Leutheusser-Schnarrenberger hat mich gebeten, Ihnen zu antworten.

§ 183 StGB hat seine heutige Fassung durch das Vierte Gesetz zur Reform des Strafrechts (4. StrRG) vom 23. November 1973 (BGBl. I S. 1725) erhalten. Die Vorschrift ist während des Gesetzgebungsverfahrens im Sonderausschuß des Deutschen Bundestages für die Strafrechtsreform eingehend und unter Hinzuziehung von Sachverständigen beraten worden. Der Gesetzgeber war sich dabei bewußt, daß die Bestrafung exhibitionistischer Handlungen problematisch ist. Ihm war bekannt, daß Exhibitionisten an den sozialen Konflikten leiden, die die Folge ihrer Veranlagung sind, und daß wiederholte Bestrafung eine Therapie erschwert und den beruflichen und familiären Status des Betroffenen untergräbt. Andererseits hatte er auch zu berücksichtigen, daß die Personen, denen der Exhibitionist gegenübertritt - vor allem Frauen und Kinder - häufig nicht nur Verärgerung empfinden, sondern Schrecken und oft Angst vor schwerwiegenderen sexuellen Angriffen. Andere Möglichkeiten eines rechtlichen Vorgehens gegen exhibitionistische Handlungen erschienen dem Gesetzgeber entweder - wie ein Bußgeldtatbestand - unpraktikabel oder - wie das bloße Angebot freiwilliger Hilfen - unzureichend. Der Gesetzgeber sah daher das Strafrecht als ein zwar unbefriedigendes, aber letztlich nicht entbehrliches Mittel zum Schutz der Opfer an. Dabei soll die Strafvorschrift des § 183 StGB nicht nur die betroffenen Frauen und Jugendlichen schützen, sondern zugleich auch dazu beitragen, daß der Täter zu einer Therapie motiviert wird.

Der Gesetzgeber hatte sich auch mit der Frage auseinandergesetzt, ob § 183 StGB auf exhibitionistische Handlungen von Männern beschränkt werden sollte. Maßgeblich für seine Entscheidung, exhibitionistische Handlungen von Frauen nicht in § 183 StGB unter Strafe zu stellen, war dabei, daß derartige Handlungen von Frauen in der Praxis sehr selten sind, aber auch kaum jemals die von exhibitionistischen Handlungen eines Mannes typischerweise ausgehenden negativen Auswirkungen haben. In der Beschränkung des § 183 StGB auf exhibitionistische Handlungen von Männern kann daher keine willkürliche Ungleichbehandlung gesehen werden.

Ich sehe daher gegenwärtig keinen Anlaß, die Vorschrift des § 183 StGB aufzuheben oder zu ändern. Ich stimme Ihnen allerdings zu, daß gerade in diesem Bereich der Hilfe für die Betroffenen besondere Bedeutung zukommt.

Mit freundlichen Grüßen
Im Auftrag

Hilzinger
(Hilzinger)

Der Gesetzgeber hat richtig erkannt, daß die Keule Strafgesetz gegenüber exhibitionistischen Handlungen problematisch ist, weil durch eine Verurteilung - womöglich sogar in Form einer Haftstrafe - die sozialen Konflikte verschärft, Therapien erschwert, die beruflichen Perspektiven gemindert und familiäre Bindungen brüchig werden. Trotzdem hält er an der Strafandrohung fest.

Er berücksichtigt nicht, daß dadurch 'unaufgeklärte' Polizeibeamte, Staatsanwälte und Richter ihren Vorurteilen freien Lauf lassen können und daß diese Personen sich im Recht glauben, wenn sie Exhibitionisten als 'schä(n)dliche' Straftäter sehen, die nach § 183 mit der ganzen Härte staatlicher Gewalt verfolgt, angeklagt und verurteilt werden müssen.

Er übersieht, wie kostspielig und zeitaufwendig wiederholte Fahndungen nach Menschen mit Macken sind.

Ihm entgeht, daß diese Straftat als unmännliche gilt, obgleich er nur Männer mit Strafe bedroht. Durch das Prädikat 'unmännlich' werden zu Haftstrafen verurteilte Exhibitionisten in der 'Männerwelt Strafvollzug' zum letzten Dreck herabgestuft, wodurch eine Verschärfung des Problems bewirkt wird.

Wenn der Gesetzgeber glaubt, für den Schutz vor Schrekken und Angst bei Frauen und Kindern sei die Haftstrafenandrohung ein nicht entbehrliches Mittel, so sieht er darüber hinweg, daß Frauen und Kinder weit weniger in 'Schrecken und Angst' versetzt würden, wenn die Berichterstattung in den Medien sachlich und nicht so schlüpfrig sexistisch wäre.

Auch würde es viel eher neueren Erkenntnissen entsprechen, wenn Erzieher im Rahmen der Sexualerziehung den Kleinen nicht so viel Furcht vor dem 'fremden Mann' einflößten, denn kriminalstatistische Erhebungen beweisen, daß die meisten und schwerwiegenden Sexualdelikte an Kindern von Personen aus ihrem nahen Umfeld begangen werden. Um zu zeigen, wie allgemein das Halbwissen gegenüber sexuellen Dingen auch heute noch ist, zitiere ich einige Passagen aus „Exhibitionisten - die angsteinflößenden Gliedvorzeiger" in der BKA-Forschungsreihe:

„Die Angst vor fremden Situationen und Personen wird von Erwachsenen an Kinder weitergegeben. Dies geschieht beispielsweise mit Hilfe einer falsch verstandenen Sexualerziehung. Ein übliches Schema dieser sexuellen Aufklärung sieht folgendermaßen aus:

- Mit ungenauen Andeutungen wird den Kindern im Alter von sechs bis acht Jahren vermittelt, es gebe 'draußen', 'im Dunklen', 'in der Fremde' usw. eine große Gefahr für Kinder. Sicher seien die Kinder nur in der gewohnten Umgebung
- Diese Gefahr hätte etwas mit 'verbotenen Sachen' zu tun. Die sexuelle Komponente wird häufig gar nicht angesprochen, was teilweise sicherlich mit der oben genannten Sprachlosigkeit im sexuellen Bereich zu tun hat, teilweise aber auch mit dem Unwissen der 'Aufklärer'. Sie wissen meist selbst wenig von Sexualkriminalität und projizieren ihre eigenen Ängste in solche Aufklärungsaktionen hinein. Das Kind erfährt daher sehr wenig an konkreter, hilfreicher Information. Das pädagogische Prinzip der Anschaulichkeit wird hier sträflich verletzt. Meist wird nur angedeutet, da gebe es Männer, die würden Kinder von ihrer vertrauten Umgebung weglocken, sie mitnehmen und umbringen.
- Es ist leicht vorstellbar, daß die Kinder mit sehr viel Angst auf diese geheimnisvolle Informationen reagieren und ein Mißtrauen entwickeln gegenüber der Außenwelt und gegenüber fremden Männern.
- Horrorberichte in den Medien bestärken Erzieher und Kinder dann in dieser Angst.
- Viele Erzieher betrachten die von ihnen so benannte 'Gefahrenpädagogik' oder 'Sicherheitserziehung' als wesentlichen Teil der Sexualerziehung. Kein Wunder, wenn Kinder dann glauben, die gesamte Sexualität sei eine beängstigende, kriminelle Sache...

...Aus präventiver Sicht ist diese Angstmache vor dem fremden Gewalttäter unverantwortlich, weil gerade die Gruppe der fremden Straftäter besonders harmlos ist. Die Kinder werden also vor etwas gewarnt, was relativ ungefährlich ist, und sie werden in Sicherheit gewogen in einem Bereich, wo tatsächlich Gefahren bestehen."[4]

Für mich ist es erstaunlich, daß der Gesetzgeber an einer Strafandrohung festhält mit der Begründung, er wisse, daß die Täter objektiv keine Gefahr darstellten, aber eine Haftstrafenandrohung müsse bestehen bleiben, weil die Opfer unaufgeklärt seien und geschützt werden müßten.

Der Gedanke des Gesetzgebers, mit der Strafandrohung den Gliedvorzeiger zu einer Therapie zu bewegen, klingt theoretisch verständlich, doch die Praxis zeigt, daß es so gut wie keine Hilfen gibt. Darüber hinaus erschwert die Strafandrohung, Hilfe zu suchen und anzunehmen, wie das Anonymitätsgebot bei der Kontaktaufnahme mit unserer Selbsthilfegruppe eindringlich beweist.

♦ ♦ ♦

Ohne den Paragraphen 183 könnten die Medien Schamverletzer nicht mehr leichtfertig mit Schändern und Vergewaltigern in einen Topf werfen. Den marktträchtigen, genüßlich vorgetragenen Gruselstories wäre die BeRechtigung entzogen. Eine Aufklärung der Bevölkerung über die Harmlosigkeit exhibitionistischen Verhaltens könnte aus einem sachgerechten Blickfeld stattfinden.

Betroffene würden - statt über eine strafbare Veranlagung schweigen zu müssen - in die Lage versetzt, im Verwandten-, Bekannten-, Freundeskreis über ihre Marotte sprechen

---

[4] Michael C. Baurmann: Sexualität, Gewalt und psychische Folgen. BKA-Forschungsreihe, 1983, Seite 80, 81

zu können. In den dadurch möglichen Gesprächen entständen mit Sicherheit Vorschläge für sozialkonforme Praktiken. Manche Auffälligkeit könnte somit bereits in ihren Anfängen entkrampft werden. Nach dem Prinzip: wenn ich darf, dann muß ich nicht, würde das Bedürfnis der Zurschaustellung sich statt in zwanghafter Zeigesucht in schlichter Zeigelust ein Ventil suchen können.

Einmal Exhibitionist - immer Exhibitionist?

Die Erfahrungen in unserer Gruppe zeigen, daß es Exhibitionisten in allen Gesellschaftsschichten gibt, vom Arbeiter bis zum Professor. Außerdem sind sie nicht nur unter Heterosexuellen - sogenannten Normalen - anzutreffen, sondern auch in allen sexuellen Randgruppen, wie der Absatz aus dem Brief eines homosexuell orientierten Exhibitionisten, und die nachfoldenden Zeitungsausschnitte zeigen:

„...Diesmal erfreuten mich dabei drei wunderschöne Jünglinge, die auf einem abgelegenen Baggersee herumpaddelten. Weit und breit keine Menschenseele; die idealen Voraussetzungen für einen Auftritt am Ufer. Sie waren - wie ich - guter Laune, kamen hin und wieder bis auf fünf Meter herangeschwommen, kicherten und riefen mir unter anderem zu: 'Nun spritz doch endlich ab!'"

Nr. 12. Dez. 1994 - Jan. 1995 - Seite 12 **Down - Town**

Exhibitionist entblößt sich vor Polizist

Zufälle gibt's, die lassen selbst einen Exhibitionisten staunen: Ausgerechnet einen Beamten der Esslinger Polizei hatte sich der 28jährige Ungar als Opfer ausgesucht.

Am Donnerstag gegen 7 Uhr zeigte er sich dem Beamten, der in Köngen auf seine Fahrgemeinschaft wartet, nur mit einer Damenstrumpfhose bekleidet. Der Beamte waltete seines Amtes und hielt den jungen Mann bis zum Eintreffen seiner Kollegen fest. Und dann war das Staunen an dem Beamten: Das Ermittlungsverfahren gegen den bereits gesuchten aber eben bislang unbekannten Täter hatte just er geführt!

Der Tatverdächtige räumte schließlich ein, sich bereits 1992 und Anfang 1993 sowie im November 1994 Passanten, darunter auch Kindern, in verschiedenen Gemeinden exhibitionistisch gezeigt zu haben. Diese nun werden gebeten, sich mit der Polizei in Esslingen, Telefon 0711/3290-0, in Verbindung zu setzen.

Der Artikel könnte zum Schmunzeln verleiten. Da aber auch dem homosexuellen Exhibitionisten die Vorurteile Sittenstrolch, Kinderschänder und sogar Vergewaltiger anhaften, habe ich mich mit einem Leserbrief an die Zeitschrift gewandt:

Down - Town Nr. 1 - Jan.- Feb. 1995 - Seite 13

✍ Leserbrief

Betreff: Bericht vom 12.12.94, Seite 12, "Exhibitionist entblößt sich vor Polizist"

Sehr geehrte Herren,

höchst erstaunt war ich über diesen Bericht mit Fahndungsaufruf in Ihrer Zeitschrift.
Haben Sie schon vergessen, daß noch vor nicht allzulanger Zeit auch Homosexuelle wie Kriminelle verfolgt und bestraft wurden, obwohl sie niemanden ein Schaden zufügten?
Oder sind Sie der Meinung, ein sich entblößt zeigender Mann ist gefährlicher als eine sich entblößt zeigende Frau? Diesen gesetzlichen Unterschied zwischen Mann und Frau dürfte Ihnen doch geläufig sein?
Hätte sich dem Polizeibeamten eine Frau entblößt gezeigt - seine Reaktion wäre sicherlich ganz anders gewesen. In der Regel bekommt ein heterosexueller Mann bei so einer Darbietung (von einer Frau) leuchtende Augen.
Ob sich jemand aus Provokation für Geld oder aus Zeigelust entblößt zeigt und vielleicht dabei mit seinem Schniedel etwas schüttelt oder wackelt, ist und bleibt für den freiwilligen oder unfreiwilligen Betrachter(in) eine ungefährliche Situation. Das ist durch langjährige Studien erwiesen. Von Schädigung oder Opfer zu sprechen ist Unsinn.
Allenfalls vom moralischen Standpunkt zu verurteilen. Aber wer ist in unserer Gesellschaft dazu berechtigt? Heuchelei und Doppelmoral wo man hinschaut.
In Sachen Exhibitionismus leben wir teilweise noch im Mittelalter. Viel Aufklärung ist noch erforderlich, damit Zeiger (Exhi) und Betrachter(in) besser damit umgehen können.

Mit freundlichem Gruß

Alfred Esser (Dortmund)

Ist die exhibitionistische Neigung eine festverankerte Veranlagung wie etwa Homo- oder Transsexualität? Es gibt keine Forschungsergebnisse, die dies eindeutig beantworten. Ist das Bedürfnis zu exhibieren angeboren, anerzogen, oder durch ein Schlüsselerlebnis hervorgerufen, ist es eine psychische Erkrankung und somit heilbar? Darüber sind die Experten verschiedener Meinung. Einige sind der Ansicht, es sei möglich, andere dagegen vertreten den Standpunkt, die Abhängigkeit hafte dem Betroffenen ein Leben lang an.

Den Exhibitionisten zu bestrafen oder ihm den Rat zu geben, sein unerwünschtes Verhalten bleiben zu lassen, ist genau so sinnlos, wie einem Alkoholiker zu empfehlen, das Trinken aufzugeben. Weder bei Tablettenabhängigen, noch bei Spielern, Eß- und Magersüchtigen usw. kann durch Verbote oder Strafen eine Änderung des Verhaltens erreicht werden. Solche Störungen sind tief verwurzelt und können, wenn überhaupt, nur durch Hilfe - zum Beispiel in Form von Zuwendung oder Therapie - abgeschwächt oder beseitigt werden.

Um ein Beispiel für einen Heilungsansatz zu geben:

„...der Therapeut Dr. Michael Heilemann (berichtet), daß er zwei Aspekte in seiner Therapie berücksichtige: Zum einen müsse der Patient lernen, sich selbst wieder attraktiv zu finden und dies muß er auch von der Umwelt (z.B. durch die Ehefrau) zu spüren bekommen. Er soll ebenfalls lernen, daß Frauen den Penis nicht so attraktiv finden und als Zeichen der Männlichkeit sehen, wie häufig angenommen wird. - Zum anderen verwendet Heilemann bei seinen Therapien das Mittel der Dekonditionierung: Der Exhibitionist soll vor dem Therapeuten oder Bezugspersonen exhibieren. Dadurch soll erreicht werden, daß der Exhibitionist die Reaktion, die er vom Zuschauer erwartet, nicht bekommt; durch das Exhibieren somit keine Bestätigung erhält... Ob Heilemanns Therapien erfolgreich verlaufen, ist mir nicht bekannt.“[5]

---

[5] Aus: Diplomarbeit Azar Morwarid: Exhibitionismus.

Bei einigen Betroffenen in der Gruppe wurden diese Therapiemethoden schon angewandt - ohne Erfolg. Das mag mit Heilemanns Einstellung zusammenhängen: In einem Fernsehinterview äußerte er sich sehr abfällig über Exhibitionisten. Er beschrieb sie/uns als kleine, mickrige, gehemmte, erfolglose Männer, die sich durch ihren Penis bei Frauen hervortun wollten.

Das gestörte Verhältnis zum anderen Geschlecht, das er Exhibitionisten nachsagt, ist - genauer betrachtet - bei vielen Menschen festzustellen. Mit seiner überheblichen Art wird Heilemann kaum das Vertrauen der Betroffenen gewinnen und sie schon gar nicht erfolgreich behandeln können.

Viele Therapeuten sind „der Ansicht, daß Freiwilligkeit des Patienten eine unbedingte Voraussetzung für den Erfolg einer Therapie sei... Die einzelnen Falldarstellungen, die ich in der Literatur gefunden habe, belegen jedoch, daß eine Therapie durchaus auch bei äußerer erzwungener Motivation positiv verlaufen kann. Darunter verstehe ich nicht unbedingt vollkommene Heilung im Sinne eines Verschwinden des Symptoms, sondern Heilung in bezug auf die Selbstakzeptanz dieses Verhaltens. Es ist anzunehmen, daß sich bei einigen Betroffenen im Laufe der Therapiestunden eine innere Motivation entwickelt.“[6]

Fest steht: Es gibt keine Beweise über Therapieerfolge. Da ein Exhibitionist weiß, seine ‘Umtriebe’ können strafrechtlich verfolgt werden, begibt er sich - bis auf wenige Ausnahmen - nicht freiwillig, sondern nur unter Druck (z.B. bei Gerichtsbeschluß) in therapeutische Behandlung.

Deshalb wird ein Therapeut kaum die volle Wahrheit erfahren und schon gar nicht, wenn während einer Behandlung Rückfälle erfolgen, bei denen es weder zu Festnahmen noch zu Anzeigen kam. Ein Therapeut wird nur im Falle eines erneuten Strafverfahrens etwas über Rückfälle hören. Betroffene, die nach einer angeordneten Behandlung weiterhin

---

[6] AaO

Kontakt zu ihrem(r) Therapeuten(in) halten, sind äußerst seltene Ausnahmen.

„Es bestehen ... Berührungsängste nicht nur von seiten der Patienten, sondern auch der Therapeuten. Viele sind mit Vorurteilen belastet und können nicht wertfrei auf die Patienten eingehen, zumal sie auch kaum mit der Problematik vertraut sind.“[7]

Von den etwa siebzig Exhibitionisten, die ich seit März 1988 durch die Selbsthilfegruppe kennenlernte, hatten ein Drittel bereits die verschiedensten Therapien hinter sich. Sie lernten zwar, freier über sich und ihre Schwierigkeiten zu sprechen, doch die zwanghafte Zeigelust konnte nicht völlig beseitigt werden. Das soll nicht heißen, daß es nicht doch dem einen oder anderen gelungen ist, für kurze oder längere Zeit nicht mehr exhibieren zu müssen. Die Lebensverhältnisse der Betroffenen spielen dabei eine wichtige Rolle.

Unter Mitbetroffenen - zum Beispiel in einer Selbsthilfegruppe - ist die Unsicherheit jedoch wesentlich verringert und daher Bereitschaft vorhanden, über den eigenen Zustand zu sprechen. Außer der Selbsthilfegruppe in Dortmund sind mir in Europa zwei weitere bekannt: in Utrecht (Holland) und in Kopenhagen (Dänemark). In diesen Gruppen hat man sich aus Erfahrung von der Illusion gelöst, den Zwang zum Exhibieren heilen zu können. Vielmehr versucht man, zu ergründen, wie der Betroffene mit der Problematik leben und dabei möglichst straffrei bleiben kann, indem gemeinsam nach Ersatzmöglichkeiten gesucht wird. Zudem geht die Gesellschaft in diesen beiden Nachbarländern wesentlich lockerer und menschlicher mit Zeigesüchtigen um, nicht zuletzt, weil durch objektive Aufklärung Vorurteile abgebaut wurden.

Im Kapitel über die Entstehung der Selbsthilfegruppe habe ich ausführlich berichtet, wie hilflos Gesundheitsorganisationen, Ärzte, Krankenhäuser und selbst Therapeuten mit dem

---

[7] AaO

Phänomen Exibitionismus umgehen und welche Heilungs-'mittel' sie anzubieten haben. Frau de Klerk führt in einer Zusammenfassung neben verschiedenen psychologischen Behandlungsmöglichkeiten - Kognitive Verhaltensverfahren, Selbstmanagementmethoden, systematische Desensibilisierung sozialer und sexueller Ängste, Stärkung der sozialen Kompetenz (z.B. Selbstbehauptungstraining) - auch somatische Behandlungsverfahren an:

„...z.B. die Behandlung mit Anti-Androgenen, die einen Libido- und Potenzverlust bewirken, Kastration und stereotaktische Gehirnoperationen. Die beiden letzteren werden, soweit mir bekannt ist, in den Niederlanden nicht mehr angewendet."

Bei uns werden Gehirnoperationen durchgeführt, wie der nachfolgende Brief belegt, der von einer Mutter eines Exhibitionisten geschrieben wurde. In diesem Schreiben stehen auch Gedanken über mögliche Ursachen der Sucht. Das Mitleiden der Angehörigen wird angesprochen, ebenso finanzielle Probleme.

„Hallo Herr Esser!

Für die Zusendung Ihrer Dokumentation meinen herzlichen Dank. Hieraus ersieht man doch die ganze Problematik dieser Sucht. Ich habe lange gar nicht verstehen können, daß mein Sohn so schnell rückfällig wurde. Ich dachte, er müsse sich doch besser beherrschen können, zumal er weiß, was ihm droht. Besonders das letzte Mal; aber ich habe ihm keine Vorwürfe gemacht, habe mir gedacht, er muß es wohl nicht können. Er hat mir immer sehr leid getan, ohne daß ich ihm helfen konnte. Sicher suche ich auch nach Schuld bei mir, habe auch mit Peter* darüber gesprochen. Vor Gericht hat er angegeben, daß ich prüde war. Wenn das wirklich so war: die Zeit war anders, auch die Erziehung und meine Mutter haben mich geformt. Ich habe meine beiden Söhne sehr lieb, habe eigentlich immer nur für meine Kinder gelebt, habe mir selbst wenig gegönnt. Peter sagte mir, daß er sich einigen Mädchen immer

---

* Anmerkung: Alle Personennamen wurden geändert.

zeigen mußte, die wollten das. Das war, als wir noch in Hessen wohnten, 1945-50. Es waren Nachbarskinder von sieben bis vierzehn Jahren. Sicher hat es ihm auch gefallen. Er sagt, daß er das so beibehalten hat und sich davon nicht lösen kann. Jedenfalls nimmt er das an.

Als Peter 1974 operiert wurde, war er gerade ein Jahr verheiratet. Er war wieder rückfällig geworden, und um die Ehe zu retten und zu erhalten, hat man ihm vorgeschlagen, sich operieren zu lassen. Sonst hätte man ihn zu Gefängnis und Landeskrankenhaus verurteilt, was er vorher auch schon mal hatte. Damals schon insgesamt drei Jahre an einem Stück. Tabletten hat er auch schon nehmen müssen. Von der Operation weiß ich nur, daß der Kopf kahlgeschoren und eine Öffnung vorn auf dem Kopf gemacht wurde. Von hier aus wurde mit einem Instrument unter der Schädeldecke entlang bis fast zum Nacken hin durchgegangen, also bis zum Sitz der Sexualstellen im Gehirn. Die wurden stillgelegt. Dies geschah alles nur mit örtlicher Betäubung, denn er mußte immer sagen, ob er noch sehen kann, und so weiter. Ich kann das schlecht beschreiben; mein Sohn müßte das tun. Danach wurde er ziemlich dick, was sich aber wieder verlor. Dann ist es wohl lange Jahre gut gegangen; jedenfalls hat er dann immer Bewährung bekommen. Es hat dann niemand etwas mitbekommen von seiner Strafe. Jetzt ist es aber doch ganz schlimm.

Am 21. Mai um 10 Uhr soll schon die Verhandlung vor dem Landgericht in M. sein. Ich habe heute den Rechtsanwalt angerufen, der sagte es mir. Es ist wieder derselbe Richter. Ich glaube nicht, daß ich hinfahre, helfen kann ich doch nicht. Mein Sohn möchte das wohl auch nicht. Das Schlimme ist auch noch, daß die Krankenkasse gekündigt hat und für meinen Sohn die Kosten für die Therapie nicht übernimmt. Der Rechtsanwalt hat an die Ärzte geschrieben, wie und ob therapiert werden soll. Die Ärzte haben sicher Erfahrung, wer für die Kosten aufkommen könnte. Antwort haben wir noch keine. Der Rechtsanwalt muß dem Richter etwas Neues vorschlagen, also Therapie in B. und Selbsthilfegruppe in D. Wenn der Richter darauf nicht eingeht, werden es wieder zwei Jahre für Peter. Und anschließende Einweisung?

Die Gesetze sind so, da kann man nichts machen.

Wenn es jetzt auch noch an den Kosten für die Therapie scheitern soll - ich kann das nicht aufbringen. Die Kosten sind doch 300 Mark täglich? Ich habe kein Vermögen, immer nur Notgroschen, wie man so sagt. Das reicht nicht. Ja, Herr Esser, Sie kennen ja alle Probleme. Man ist hilflos. Was mag Peter jetzt empfinden? Er hat Angst und Sorgen. Wie wird er das nur aushalten, wenn er wieder verurteilt wird?! Mein Gott, es ist nicht auszudenken!

Ich bewundere Sie, daß Sie in der Öffentlichkeit auf dieses Problem der Sucht und Krankheit hinweisen und auf das unmenschliche Vorgehen der Gerichte, Justiz, Polizei und der Menschen. Es müßte Hilfe geben! Sie bemühen sich zu helfen, vielen Dank!

Mit freundlichem Gruß"

♦ ♦ ♦

Es wäre anmaßend, von Frauen zu verlangen, sie sollten das exhibitionistische Verhalten eines Mannes einfach hinnehmen. Es kann nicht auf einer Stufe mit der Zurschaustellung gesehen werden, wie man sie im Beruf, im Sport antrifft und wie sie bei Kleidung, Frisuren, Kosmetik oder materiellen Dingen - einem schnellen Motorrad oder einem prunkvollen Auto - zum Ausdruck kommt. Denn bei der Zurschaustellung der Geschlechtsteile wird - so die allgemeine Anschauung - das Schamempfinden besonders empfindlich verletzt.

Das Überschreiten der Schamgrenze kann und sollte nicht als etwas Normales angesehen werden. Es stößt mit Recht auf Ablehnung. Doch sollte es nicht höher eingestuft werden als viele andere Belästigungen.

So wie beispielsweise Nichtraucher sich gegen unerwünschten Rauch zur Wehr setzen, so kann von einem Zeigesüchtigen verlangt werden, sein unerwünschtes Verhalten einzustellen. Wird der Aufforderung, die Belästigung zu unterlassen, nicht Folge geleistet, wäre wie bei einer Ordnungswidrigkeit ein Bußgeld zu verhängen. Ein Exhibitionist könnte wie ein Falschparker angesehen werden oder wie ein(e) Hundebesitzer(in), der (die) seinen (ihren) Hund mitten auf dem Gehweg sein Geschäft erledigen läßt, was sicherlich auch für viele ekelhaft ist.

Im Grunde besteht die Angst vor dem männlichen Exhibitionismus nicht in dem, was jemand zeigt und tut, sondern sie steckt in der Phantasie, was er außer dem Entblößen noch alles tun könnte. Wenn durch Aufklärung unnötige Ängste abgebaut würden, könnte die Kriminalisierung fallengelassen werden.

Dadurch könnten Betroffene sich leichter mit ihrem suchtartigen Verhalten auseinanderzusetzen. Die Sittlichkeit kann dabei nur gewinnen. Es würde uns zugute kommen, wenn im Gefolge einer allgemeinen Aufrichtigkeit ein angemessenes Maß an Duldung in sexuellen Dingen zur Geltung käme.

♦ ♦ ♦

Mir ist es gelungen, nach vielen Jahren mit dem Schweigen zu brechen, nicht mehr zu verdrängen, sondern mich der Problematik zu stellen dank einer Therapie und der Hilfe einiger aufgeschlossener verständnisvoller Personen, die, anstatt zu verurteilen, Nachsicht und Interesse zeigen.

Die Selbsthilfegruppe hilft mir, weiter straffrei zu bleiben. Durch sie habe ich die Festigkeit gewonnen, mich aktiv, wenn auch anonym an die Öffentlichkeit zu wenden. Den größten Anteil an meinem Wohlbefinden hat meine jetzige Ehefrau. Ohne ihre Hilfe, ihre Anteilnahme und ihr Verständnis wäre es mir nicht möglich gewesen, mein Problem zu meistern. Die Kraft für die vielen Unternehmungen der letzten Jahre verdanke ich ihrer Zuwendung und ihrer Bereitschaft, mich in meinem Bestreben zu unterstützen, Exhibitionismus als das bekannt zu machen, was er ist:

eine zwanghafte Zurschaustellung.

Möge meine Arbeit

- ein Tabu brechen
- zum Nachdenken anregen
- Unwissenheit beseitigen
- Unterscheidungsvermögen erwirken.

Anhang

Auszug aus einem Gutachten von Prof. E. Schorsch (†), Universitätsklinik Hamburg-Eppendorf:

„Die psychosexuelle Entwicklung ist von Beginn an geprägt durch eine prüde, körperfeindliche Atmosphäre im Elternhaus... Von Beginn an findet sich eine auffällige Akzentuierung des optischen Bereichs: Herr E. war darauf aus, etwas zu sehen, war sehr fasziniert, wenn er mal Frauen unter den Rock sehen oder beim Baden beobachten konnte...

Die Akzentuierung des Optischen, das eine gewisse Distanz impliziert, weist hin auf seine Kontakt- und Beziehungsstörungen bzw. auf seine Ängste, Nähe zu einer Frau herzustellen. Als Jugendlicher hat er nur wenige, im Grunde mißglückte Beziehungsansätze...

Wie erwähnt beginnt die exhibitionistische Problematik bereits in der Pubertät. Zunächst hat er das Exhibieren noch kaschiert, ging dann dazu über, sich Frauen zu zeigen. In erster Zeit ist es hin und wieder vorgekommen, das Bedürfnis war noch nicht so intensiv, er hatte es noch unter Kontrolle. Dies änderte sich Mitte der dreißiger Jahre in der Zeit, als die Ehe sehr spannungsreich und krisenhaft wurde, für ihn verbunden mit massiven Zurückweisungen und Kränkungen. In dieser Zeit wurde das Bedürfnis sehr intensiv und dranghaft, er hatte das Gefühl, sich gegen die exhibitionistischen Impulse nicht ausreichend wehren zu können. Anfangs waren deutliche Eskalationen noch an Krisen- und Kränkungssituationen gebunden, erfuhren dann aber bald eine Verselbständigung. In der Zeit kam es zu einer Aneinanderreihung von Bestrafungen in Form von Geld- und Bewährungsstrafen. Er hat sich damals intensiv um eine Therapie bemüht, fand aber lange Zeit keinen Therapeuten...

In früheren Jahren hat er das Exhibieren immer sehr konflikthaft erlebt, es war mit starker Schambesetzung verbunden, er hat sich selbst deswegen stark verurteilt. Während der Therapie ist er zu der Einsicht gekommen, daß es eine in ihm verankerte psychische Problematik ist, er kann seitdem besser und offener darüber reden...

Es ist eine Persönlichkeit, die wenig Selbstvertrauen besaß, eher zurückhaltend war, der sich scheute, in Konkurrenz und Auseinandersetzung zu gehen, der eher zurückgesteckt hat. Er verfügt bzw. verfügte über eine fragile männliche Identität, hatte untergründig immer Zweifel an seiner Männlichkeit, das Gefühl Frauen unterlegen zu sein, gegen sie nicht anzukommen, letztlich von ihnen nicht ernst genommen zu werden. Es besteht eine deutliche Aggressionshemmung. Er hat keine sozial akzeptierten Ventile für aggressive Spannungen.

Es ist eine Persönlichkeitsproblematik, die für die exhibitionistischen Symptombildungen sehr typisch ist. Das exhibitionistische Ritual hat kompensatorische Funktionen wie andere neurotische Symptombildungen auch. Es geht im wesentlichen um zwei Aspekte: Einmal dient das Exhibieren der Beschwichtigung der Männlichkeitsängste. Das anonyme Präsentieren des erigierten Genitals dient der Vergewisserung der eigenen Männlichkeit und Potenz; wenn Frauen, wie erhofft und phantasiert, fasziniert sein sollen, dann wird dies gewissermaßen als 'Widerlegung' der eigenen Ängste, impotent, als Mann unattraktiv zu sein, interpretiert. Dies ist verbunden mit einem momentanen Hochgefühl. Dies ist zweifellos der wichtigste Aspekt. Die exhibitionistische Symptombildung drückt auch noch die Kontakt- und Beziehungsprobleme aus: Das Exhibieren ist eine ritualisierte anonyme Kontaktaufnahme, die zugleich die Distanz garantiert.

Bei der Beurteilung der Prognose ist zunächst zu berücksichtigen, daß es sich immer um ein gänzlich unaggressives passives Exhibieren vor erwachsenen Frauen gehandelt hat. Es ist eine eingeschliffene, außerordentlich einförmige, monotone Handlungssequenz, die seit Jahrzehnten identisch ist. Es ist mit Sicherheit auszuschließen, daß in Zukunft Veränderungen in Richtung einer aggressiven Vorgehensweise eintreten. Man kann also davon ausgehen, daß dieses Verhalten eine nur geringe Sozialschädlichkeit beinhaltet. Dem ist auch bei früheren Verurteilungen immer Rechnung getragen worden, wenn man immer wieder Bewährungsstrafen ausgesprochen hat. Es ist weiterhin bekannt, daß Bestrafungen welcher Art auch immer ohne jeglichen Einfluß auf die exhibitionistische Symptombildung sind, daß sie insbesondere nicht zu einer Verhinderung oder Verringerung führen - so wenig, wie Bestrafungen bei anderen psychischen Symptombildungen wie zum Beispiel Zwangshandlungen, Tics, oder ähnlichem irgendwelche Wirkungen haben.

Bei Herrn E. sind noch zwei weitere Aspekte zu berücksichtigen, die zu einer Veränderung führen können: Einmal hat er eine Therapie abgeschlossen, die exhibitionistischen Impulse sind seltener geworden, auch wenn sie nicht ganz verschwunden sind. Der zweite Aspekt ist die Selbsthilfegruppe und das sehr starke Engagement, mit dem er dort arbeitet. Man kann die Frage stellen, ob und inwieweit in dieses Engagement, vor allem in die damit verbundene Öffentlichkeitsarbeit nicht exhibitionistische Antriebe in sublimierter Form eingehen - und dies bedeutet keineswegs eine Herabwürdigung dieser Aktivitäten, keineswegs eine Disqualifizierung. Es wäre nur für prognostische Überlegungen von einer gewissen Bedeutung insofern, als in diesen Aktivitäten solche Antriebe weitgehend absorbiert werden. Ich bin der Ansicht, daß Herr E. sich in nächster Zeit weiter stabilisiert und sein Leben ohne Konflikte mit dem Gesetz führen kann..."

rpv

Der Reiner Padligur Verlag hat bereits eine Erzählung zum Thema „Exhibitionismus“ herausgebracht:

Bodo Rondies: **Weiden im Nebel**
Erzählung

Broschur, 80 Seiten, 12,80 DM
ISBN 3-922 957-12-9

In Bodo Rondies Erzählung „Weiden im Nebel“ geht es um eine Krankheit. Der Ich-Erzähler ist Exhibitionist.

Der Autor hat die Krankheit und das Umfeld - von den abgelegenen Schrottplätzen bis zur eleganten Psychiater-Praxis - genau und glaubhaft geschildert. Wir erleben ihn am Anfang nach einem Selbstmordversuch und verlassen ihn am Ende, als er seinen Rollstuhl in den Rhein fahren läßt.

Bücher zur Gefangenenliteratur und zum Thema Strafvollzug im Reiner Padligur Verlag

Autorengemeinschaft: **Aufbruch,** Anthologie
Broschur, 192 Seiten, 5,- DM ISBN 3-922 957-02-1

Klaus Mahn: **Löcher im Traum,** Erzählung
Broschur, 84 Seiten, 12,80 DM ISBN 3-922 957-06-4

Ralf Sonntag: **Grenzwechsel,** Erzählungen
Broschur, 96 Seiten, 12,80 DM ISBN 3-922 957-07-2

Luise Rinser: **Laßt mich leben,** Frauen im Knast
Broschur, 152 Seiten, 15,80 DM ISBN 3-922 957-10-2

Jonas & Ortner (Hrsg.): **Klauen**
Texte zum alltäglichen Diebstahl
Broschur, 140 Seiten, 14,80 DM ISBN 3-922 957-11-0

Klein & Koch (Hrsg.): **Gefangenenliteratur**
Sprechen, Schreiben, Lesen in deutschen Gefängnissen
Broschur, 288 Seiten, 29,80 DM ISBN 3-922 957-15-3

Ingeborg-Drewitz-Literaturpreis für Gefangene: **Risse im Fegefeuer,** IDP 1989/90
Broschur, 144 Seiten, 16,80 DM ISBN 3-922 957-22-6

Schulte-Altedorneburg & Stäwen (Hrsg.): **...und noch mehr Kontrolle?** Strafhaft und Behandlung in Wohngruppen
Broschur, 192 Seiten, 24,80 DM ISBN 3-922 957-19-6

Burgstaller & Immekus: **Gott im Gefängnis**
Gebete bei Brot und Wein
Broschur, 208 Seiten mit 11 s/w-Illustrationen
3. Auflage, 19,80 DM ISBN 3-922 957-17-X

Marlies Tieck: **...auch in meinem Namen**
Strafvollzug in Deutschland - Anspruch und Wirklichkeit
Broschur, 176 Seiten, 24,80 DM ISBN 3-922 957-40-4